JN129834

有機・無農薬で
ベランダでできる！

コンテナ野菜づくり

実登　金子宗郎　監修

ハーブ・
スプラウトも掲載

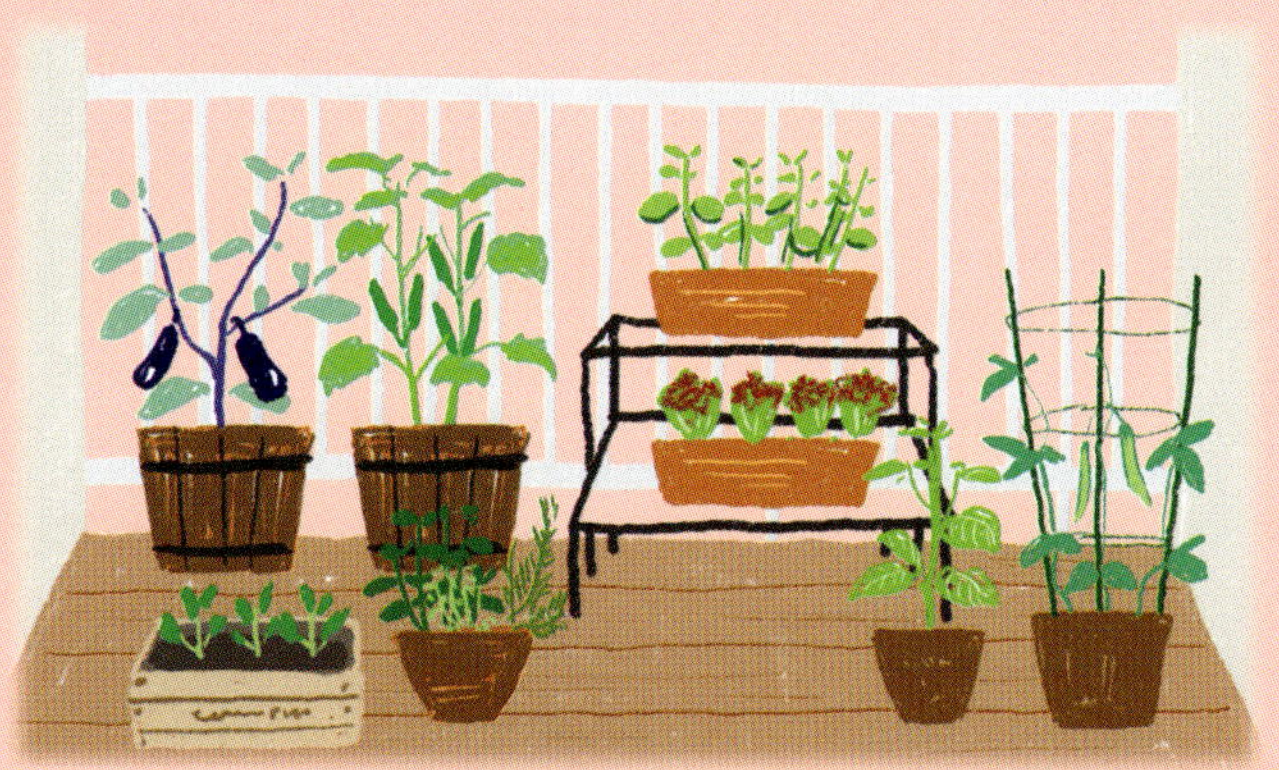

成美堂出版

コンテナで野菜を育てよう!

コンテナやプランター、鉢植えなら
ベランダや窓辺、庭先でも
簡単に野菜づくりができます。
おいしくて安全な有機栽培は
家庭菜園にぴったり。
種まきから収穫まで
毎日が新しい発見と感動、
そしておいしさでいっぱいです!

コンテナの土で育つ根菜は、
抜いて収穫するのが楽しみ！

土から顔を出したかわいいラディッシュ。栽培期間が短く、初心者にもおすすめです。

ハーブの寄せ植えはキッチンでも大活躍。香りも楽しめます。

かわいい双葉が出た！　野菜づくりには感動がいっぱい。

真っ赤に完熟したカラーピーマン。コンテナ菜園なら、収穫のタイミングを逃さない！

ベランダのレイアウトを工夫して、育てる、食べる、見て楽しむコンテナ菜園ライフを！

有機・無農薬でベランダでできる!

コンテナ野菜づくり

もくじ

※イラストは、栽培に適したコンテナのサイズの目安。詳細はP14参照。

Part 3 コンテナで 根野菜・イモ類

Part 5 コンテナ野菜栽培の基本

Part 4 コンテナで ハーブ・スプラウト

【コンテナ野菜 50音さくいん】

コンテナ栽培グッズの選び方

野菜を植えるコンテナ選びは、家庭菜園の大切なポイント。とくに、サイズ選びは重要です。野菜を支える支柱などの必須アイテムや、あると便利なコンテナ栽培グッズを紹介します。

素材で選ぶ

テラコッタ

素焼きのコンテナは通気性がよく、長年使っても劣化しにくい。重くて、割れやすいのがデメリット。

プラスティック

軽くて丈夫なので扱いやすい。サイズも豊富にそろい、手軽な価格で買える。

再生紙使用

再生紙からつくられたもの。使用後は細かくして土に還すか、燃えるゴミとして処理できる。耐久性は低い。

木製

通気性がよく、見た目もきれいで寄せ植えなどにもおすすめ。水やりや直射日光により、劣化はやや早い。

形と大きさで選ぶ

深型の長方形

株が大きくなり、根がはる根菜や高い支柱を立てるものは、大きさ、深さともに十分なタイプがよい。

長方形

長手タイプは葉もの野菜など、株が小さめで根が浅いもの向き。

深型の正方形

草丈が大きくなる野菜を1株ずつゆったりと育てたいときに最適。

小型

苗づくりや、ラディッシュ、ハーブなど株の小さい品種向き。

コンテナの種類と選び方

コンテナが小さく土の容量が少ないと、土が乾燥して水切れを起こしやすく、失敗しやすくなります。また、根がよくはる野菜や根菜は、コンテナの深さも重要。大きいコンテナは重量が重くなり、動かすのが大変ですが、野菜のためには大きすぎることのデメリットはありません。おく場所のスペースと栽培する品種によりますが、できるだけゆったりとしたサイズのコンテナを選ぶのが成功のポイントです。

鉢底ネット
鉢の底に入れて、通気性を保ちながら鉢穴をふさぐ。切って使うタイプ。

鉢底皿《はちぞこさら》
コンテナのサイズに合わせたものを下にしき、土が流れるのを防ぐ。

ビニールポット
種をまいて、苗づくりをするときに使用。

ふるい
使ったあとの土をふるい、リサイクルするときなどに使用。

連結ポット
種まきして育苗後、切り離してそのまま植えつけができるタイプ。

ウッドパネル・タイル
床にしいて上にコンテナをおけば、照り返しを防いで風とおしをよくする効果がある。

ハサミ
摘芯《てきしん》や剪定《せんてい》、収穫などに使う、ガーデニング用のハサミ。

土入れ
植えつけや増し土をするのに、土をこぼしにくくて便利。

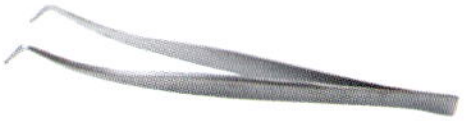

園芸ピンセット
双葉を間引いたり、細かい作業に使用。

支柱
野菜の種類によって、長さ、太さを選ぶ。

移植《いしょく》ゴテ
土を掘る、混ぜる、耕すなどの作業に使う。大きさ別でいくつかあると便利。

バケツ
ベランダでの水やり、道具を洗う、土を混ぜるなど、いろいろ使える。

ヒモ
支柱や茎を結ぶときなどに必要。

手袋（ガーデングローブ）
手荒れやケガを防ぐために必要。手のひら側に滑り止めがついているタイプが使いやすい。

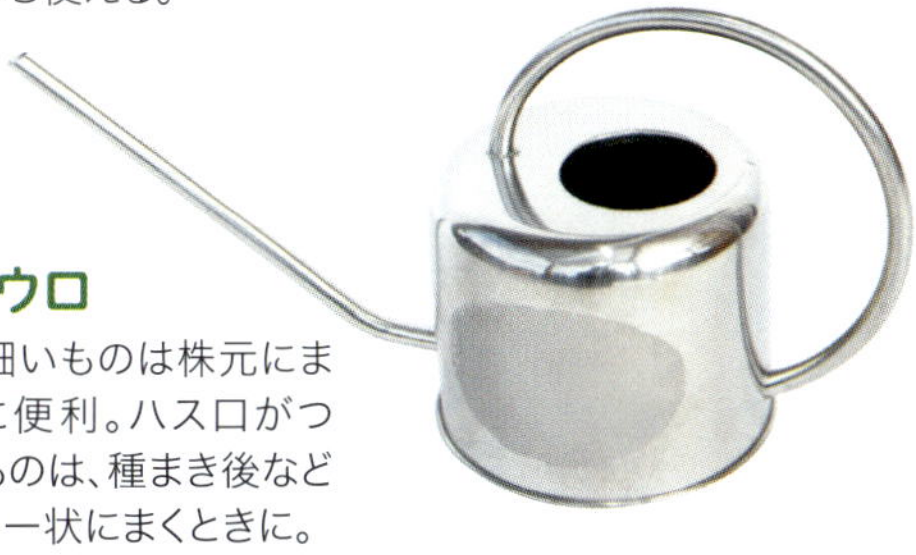

ジョウロ
口が細いものは株元にまくのに便利。ハス口がついたものは、種まき後などシャワー状にまくときに。

そのほかのグッズ

移植ゴテやジョウロ、支柱などは、コンテナ菜園で最低限必要になるグッズです。ほかにも、ハサミやバケツなども菜園専用にそろえます。支柱を結ぶためのヒモや、作業用の手袋なども必須アイテムです。

有機コンテナ栽培の土と肥料

野菜づくりは土づくりからはじまります。微生物が活発に活動できるよい土が用意できれば理想的。手に入る範囲で土や有機肥料をブレンドし、よい土をつくりましょう。

有機栽培の土づくり

農薬や化学肥料を使わずに、土と有機質肥料で育てるのが有機栽培です。有機質肥料とは、落ち葉や鶏糞、おからなど、動植物由来の素材を発酵させたもの。化学的に配合された肥料ではなく有機肥料を使うことで、微生物が住むよい土をつくることができます。

自宅で野菜くずや米ぬかなどを使って堆肥をつくることもできますが（堆肥づくりはP211参照）、手軽にコンテナ菜園をはじめるには、市販の有機培養土や土、有機質肥料を使うと簡単です。

自分で土を配合する場合は、赤玉土や堆肥、腐葉土などをブレンドしましょう。

有機培養土

「有機栽培用」「有機野菜用」などの表示がある培養土は、土に完熟堆肥や有機肥料をブレンドしたもの。そのまま植えつけに使える。ピートモス、バーミキュライトなども入り、水はけと保水性のバランスがよく、軽い土にしてある。

有機コンテナ栽培の土のつくり方

配合例▶腐葉土 4：堆肥 4：赤玉土 1.5：もみ殻燻炭 0.5

1 市販品の赤玉土（小粒）と腐葉土、堆肥を入れ、よく混ぜる。

2 もみ殻薫炭を入れ、さらに切り返して混ぜる。

3 培養土の完成。

土づくりや土質調整などに使うもの

赤玉土《あかだまつち》

乾燥させた赤土の粒で、通気性、保水性を増すためによい。小粒や中粒は用土に混ぜ、大粒は鉢底石としても使える。

腐葉土《ふようど》

多種の広葉樹の落ち葉を原料に積み重ねて発酵させた用土。ポット苗づくりにも植えつけにも使える。

黒土

有機物と肥料分を含む軽い土。腐葉土などと混ぜて使う。

もみ殻燻炭《がらくんたん》

もみ殻を炭化させた土壌改良剤。土づくりに混ぜて使う。

鹿沼土《かぬまつち》

黄色い粒状で弱酸性の土で、排水性、保水性を高めるために、ほかの土と混ぜて使う。

バーミキュライト

ヒル石を焼いた土で、軽くて保水性、水はけ、通気がよい。軽いのでハンギング用に混ぜて使うことが多い。

カキ殻《がら》

カキの殻を高温焼成、乾燥、粉砕したアルカリ分の豊富な有機石灰。

ピートモス

シダや水苔が発酵したもので酸性が強い。おもに種まきに使われる。

鉢底石《はちぞこいし》

水はけをよくするために、鉢底に入れる粒の大きな石。ネット入りは再利用に便利。

いろいろな有機質肥料

堆肥《たいひ》

落ち葉、もみ殻、米ぬか、野菜くず、鶏糞などを発酵させ、完熟させたもの。土に混ぜて元肥としたり、追肥にも使える。

鶏糞《けいふん》

リン酸が多く、おもに実を大きくしたいときの追肥として使う。

なたね粕

窒素分が多く、おもに葉もの野菜や草丈を大きくしたいときの追肥として使う。

液肥《えきひ》

液体の有機肥料は表示に従って水で希釈して使う。即効性がある。

木酢液《もくさくえき》

炭焼きの際などに副産物として生成される。土壌改良などに。

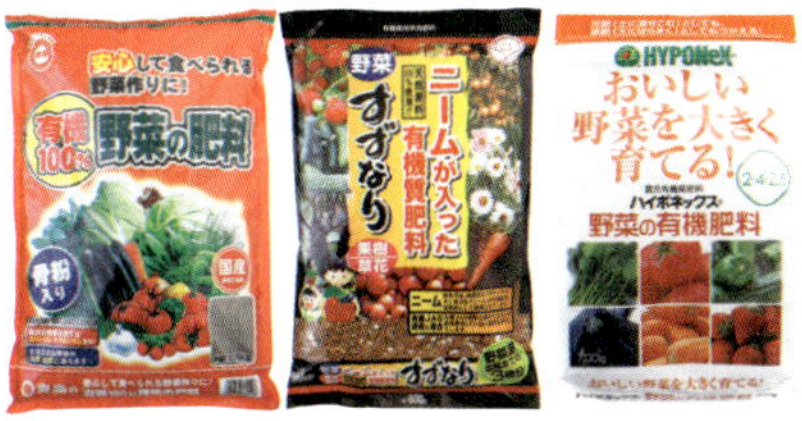

配合肥料

いろいろなものが市販されている。

苗（キャベツ）

立ち木性野菜（ピーマン）

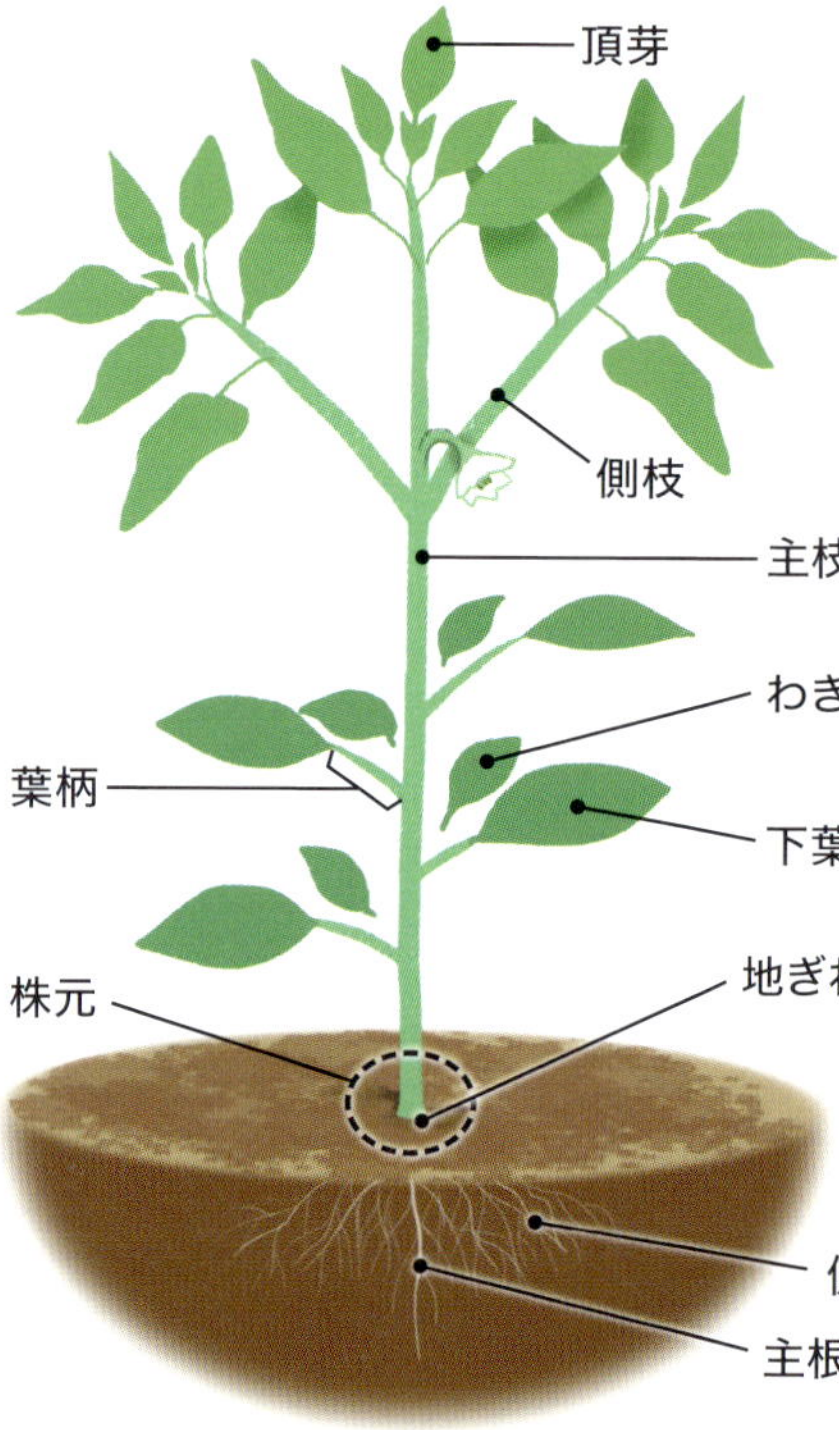

つる性野菜（カボチャ）

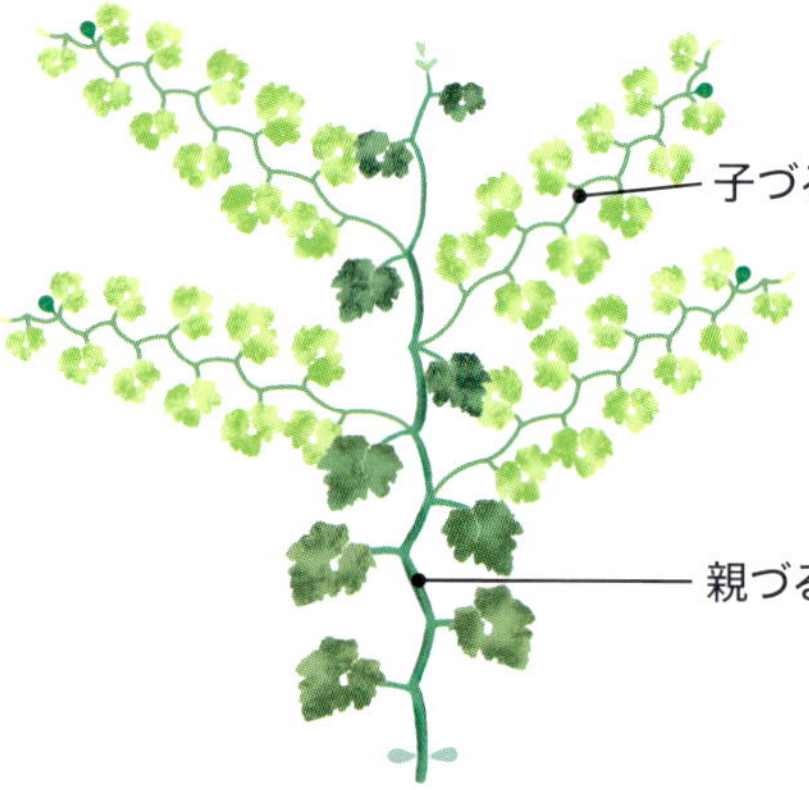

ラッカセイ

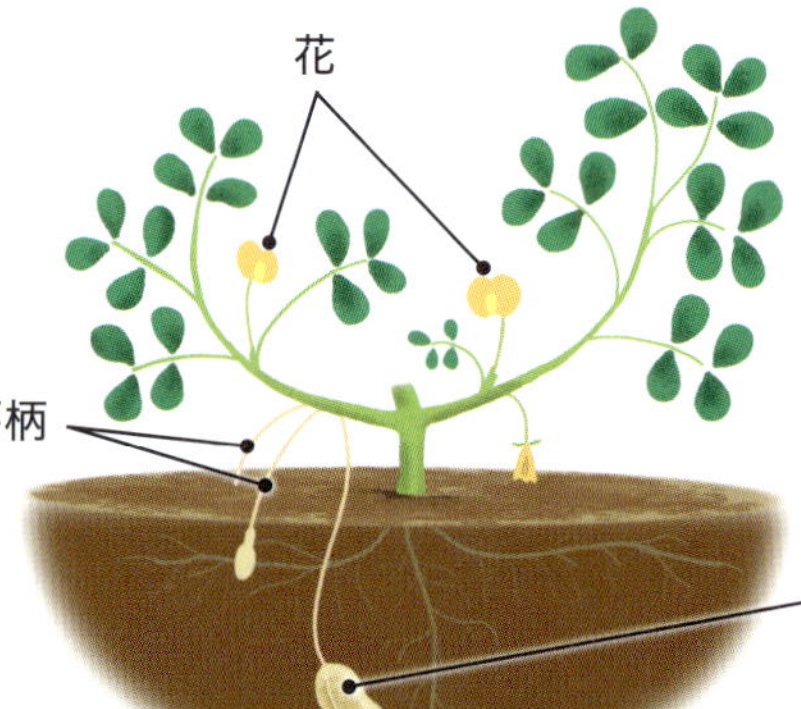

サトイモ

イチゴ

コンテナ有機野菜づくりQ&A

Q1 コンテナで野菜を育てるときは、どんな土がいいですか？

A 本書では赤玉土（小粒）と腐葉土、堆肥、もみ殻燻炭をブレンドして使っています（P10参照）。自分で配合しないときは、ホームセンターなどで有機栽培用の培養土を扱っていますので、それを使ってもよいでしょう。ベランダで堆肥を作る方法はP211を参考にしてください。

Q2 朝から昼頃までしか日が当たらないのですが何を育てるとよいですか？

A 本書で紹介する野菜は、それぞれの栽培のポイントで「日当たり」について示しています。「十分な日照が必要」と書いてあるものは避け、「1日5時間以上」「半日陰でも育つ」などとあるものから、ベランダなどの栽培環境に合う野菜を選びましょう。

Q3 有機栽培ではどんな肥料を使えばいいですか？

A 追肥では、鶏糞やぼかし肥、液肥を使いましょう。ぼかし肥や液肥の作り方はP205で紹介しています。

Q4 無農薬で育てると害虫がつかないでしょうか？

A 有機栽培では農薬を使わないので、こまめに野菜を見て、害虫がいたら見つけしだいとりのぞくようにします。また、寒冷紗《かんれいしゃ》やネットをかけて育て、害虫がつくのを予防するのがおすすめ。有機栽培で病害虫を予防する方法はP214でもくわしく紹介しているので参考にしてください。

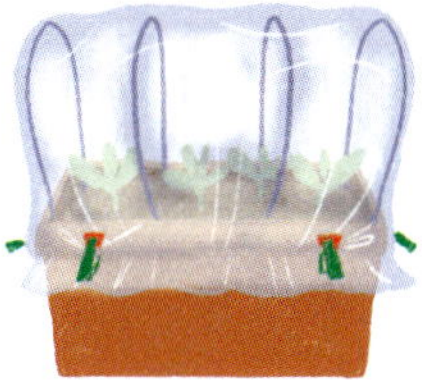

Q5 初心者でも育てやすい野菜は？

A 実野菜より、葉野菜のほうが育てやすいものが多いので、レタスなどの葉野菜を苗から育てたり、コマツナやシュンギクなどを種から育てるのもおすすめです。根野菜では、ラディッシュや小型のカブもよいでしょう。実野菜は支柱を立てたり、わき芽をつむなどの世話が必要になります。実野菜ではミニトマトやナス、ピーマン、シシトウなどは、比較的育てやすいでしょう。

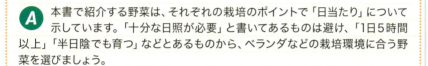

本書の使い方

本書は、農薬や化学肥料を使わない「有機栽培」をコンテナで実践するための方法を紹介しています。
野菜は**「実野菜・マメ類」「葉・茎野菜」「根野菜・イモ類」「ハーブ・スプラウト」**の分類ごとに、ほぼアイウエオ順に並べています。
それぞれの作業は、種まき、苗づくり、間引き、追肥、収穫など、作業ごとに解説。
コンテナ栽培にはじめて挑戦する場合は、まず、P8〜13とP181〜215を読んでください。

朝どりキュウリのみずみずしさは格別のおいしさ！

キュウリ
ウリ科

インドのヒマラヤ山麓原産のキュウリは、みずみずしさが魅力の夏野菜。水切れに気をつけて大きなコンテナで栽培すれば、夏の間次々と収穫できます。育苗《いくびょう》は温度管理が難しいので、苗から育てたほうが成功率は高くなります。
品種は、さつきみどり・よしなり（サカタのタネ）、つばさ・夏すずみ（タキイ種苗）など。在来種は相模半白《さがみはんじろ》（野口種苗）などがおすすめです。

栽培のポイント
- 1日中強い日差しを受けたり、強い風を受ける場所は避ける。
- 水切れしないように、大きめのコンテナで栽培する。
- わき芽かきをして、つるが混み合わないようにする。

栽培のポイント 栽培を成功させるためのポイントを紹介。

コンテナの大きさ　大

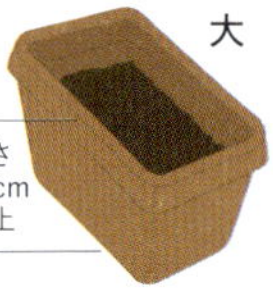

※本書では50cm×30cm×深さ25cmの容器に2株

生育適温　22〜28度

発芽適温　25〜30度

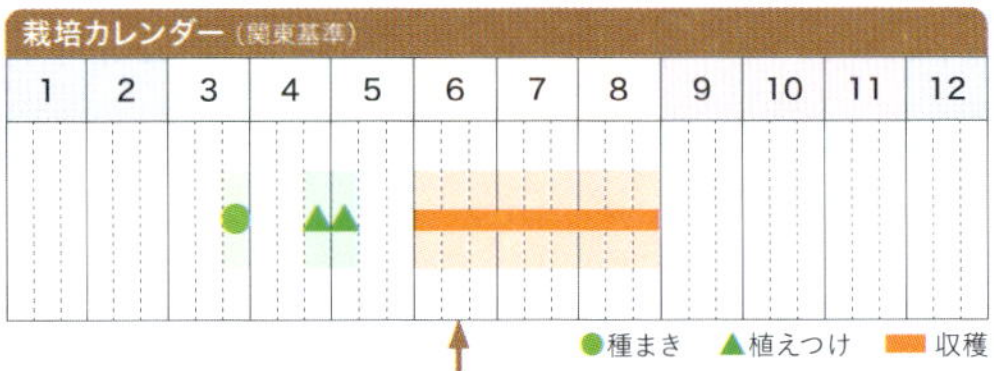

栽培難易度　ふつう

日当たり　1日5時間以上

コンテナの大きさ
以下の大きさを目安としています。

特大 幅65cm×奥行き40cm×深さ30cm

大 幅50cm×奥行き30cm×深さ25cm

中 幅35cm×奥行き35cm×深さ30cm
幅55cm×奥行き20cm×深さ20cm

小 幅40cm×奥行き15cm×深さ15cm
幅30cm×奥行き15cm×深さ15cm

※コンテナのサイズはだいたいの目安です。

発芽適温
野菜の発芽条件として好ましい地温（土の温度）。

生育適温
野菜が生育するために理想的な気温。

栽培カレンダー
●種まき、▲植えつけ、▬収穫の時期を、関東地方を基準にして表示しています。地域やその年の気候により変動するので、あくまで目安として参考にしてください。

上旬、中旬、下旬をあらわすために3つに分けています。

栽培難易度
やさしい　初心者でも栽培しやすく、収穫率が高い野菜。

ふつう　栽培の環境と管理作業を正しく行なえば、初心者でも栽培できる。

難しい　初心者には栽培が難しい野菜。

日当たり
十分な日照が必要　強い光が必要な野菜。

1日数時間以上　日照時間が少なめでも育つ野菜。

半日陰でも育つ　明るい日陰でも育つ野菜。

※種のところに「種子消毒あり」とあるものは、本書では種子消毒があるものを使用していますが、種子消毒なしの種を使ってもOKです。「コーティング種子」も同様。

※原則として、APG Ⅳの植物分類体系に基づいた科目を記しています。

Part
1

コンテナで
実野菜・マメ類

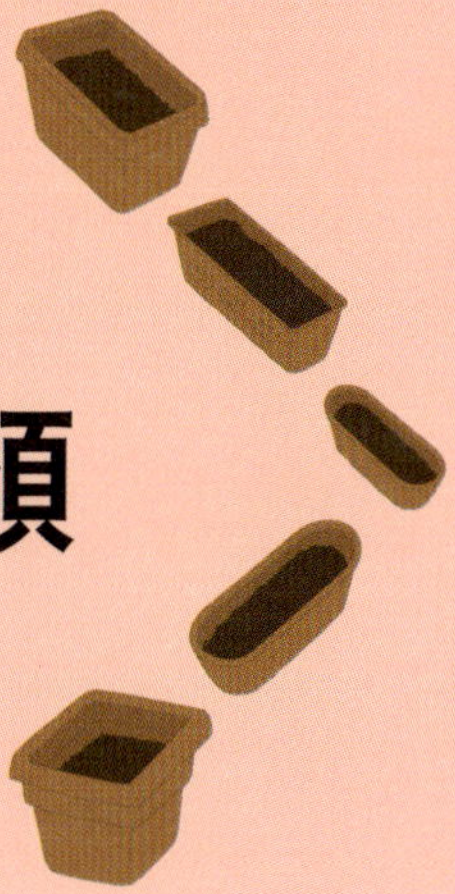

アズキ

マメ科

アズキはササゲの仲間で、腸内環境を整える不溶性食物繊維や、ビタミンB_1、カリウム、鉄分などが含まれています。

赤アズキと白アズキの2種類があり、白アズキはおもに白あんに、赤アズキは赤飯やあんこ、汁粉などに使われます。さらに赤アズキは大粒の大納言、小粒の普通アズキに分類されますが、ふっくらとして味のよい大納言がおすすめ。

品種は、丹波大納言小豆（サカタのタネ）など。

栽培のポイント

- 秋小豆の種まきは、地温が十分に上がる7月下旬の土用の頃に行う。
- 土に元肥は入れず、追肥も必要ない。
- さやが枯れたら収穫。乾燥するとさやがはじけるため、落ちる前に収穫する。

栽培難易度　ふつう

日当たり　十分な日照が必要

栽培カレンダー（関東基準）

1	2	3	4	5	6	7	8	9	10	11	12
						●			━		

●種まき　━収穫

発芽適温　25度

生育適温　20〜30度

コンテナの大きさ　大

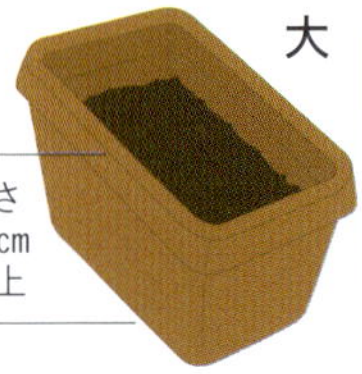

※本書では32cm×50cm×深さ27cmの容器に2株

1 種まき

種まき後は毎日水やりする

アズキの種
品種は大納言。

① 指で深さ2cmの穴を3か所作り、1粒ずつ種をまく。コンテナの左右2か所に植えつける。

② 指で土を寄せて覆土し、軽く鎮圧（P219）し、水やりする。

③ コンテナの端に、発芽が少ない場合の予備の種をまいてもよい。

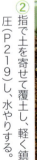

2 間引き・支柱立て

丈夫な株を残して間引く

①種まきから3～5日前後で発芽する。

②本葉が4～5枚で生育のよい株を残して間引きする。

③つるがのびてきたら、支柱を立てて誘引する。

POINT 中耕・土寄せ

7月下旬と8月下旬に、株の周りを中耕して土寄せするとよい。

3 収穫

さやが弾ける前に収穫

①アズキの若ざや。

②さやが枯れてきたらハサミで切って収穫する。

③雨あたりのない風通しのよいところで、乾燥させる。

④乾燥したら、さやからマメを出して保存する。

アズキの病害虫

アブラムシやカメムシがつきやすい。見つけ次第とりのぞく。

ビタミンCたっぷり。鉢植えとしてもかわいい！

イチゴ

バラ科

イチゴは親株からランナーと呼ばれる茎をのばして、子株、孫株をつくって増えるので、苗を購入して栽培します。秋に定植して、春までじっくり育て、開花と結実を待ちましょう。実はランナー（走りづる）の反対側につくので、収穫のしやすさを考え、苗の向きに気をつけて植えるのがポイント。

品種は、とちおとめ・ふさの香・女峰などがあります。

栽培のポイント

- ■秋に苗を定植し、冬越しさせて春に収穫する。
- ■はじめの頃の花はつんで、株を充実させるとよい。
- ■コンテナは風通しのよい場所におく。

コンテナの大きさ

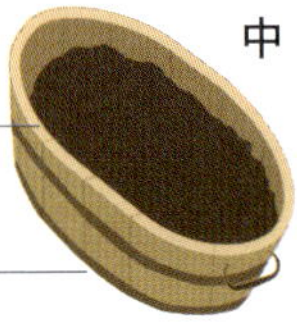

※本書では45cm×25cm×深さ20cmの容器に2株

生育適温
20〜25度

栽培カレンダー（関東基準）

	1	2	3	4	5	6	7	8	9	10	11	12
植えつけ										▲─	─▲	
収穫				翌年収穫	■	■						

▲植えつけ　■収穫

栽培難易度
難しい

日当たり
十分な日照が必要

1 植えつけ

ランナーの向きを見て定植する

① ランナーがのびている反対側に実がなるので、ランナーの向きをそろえて植えると収穫しやすい。

② 根元のクラウンと呼ばれる部分が出るよう浅めに植えつけ、たっぷり水やりをする。

2 追肥

はじめの花がついた頃に追肥する

花がつきはじめた2月上旬頃、株元にひとつかみ追肥（ぼかし肥、鶏糞など）をするとよい。

3 株を充実させる

初期の花は結実させない

①まだ寒い時期についた花はつみとる。

▼

②ランナーがのびてきたら、切る。

4 収穫

熟したものから収穫していく

①5月以降に咲いた花は、そのまま結実させる。花のあとに青い実がついたところ。形の悪い実があれば、早めにつみとり、ほかの実を充実させる。

▼

②開花から30～40日ほどで実が熟してくる。十分に赤く色づいたものから、へたの上を切って収穫する。

POINT 人工授粉

ハケなどで花をさわる

ベランダなどでは、人工授粉をすると収穫量がアップする。花をハケや手で軽くさわり、花粉を飛散、受粉させる。

インゲン

マメ科

夏の間、次々に実がついて収穫できる

β-カロテンやビタミンCが豊富な緑黄色野菜。草丈が短いつるなし種と、高くのびるつるあり種があり、つるなし種は収穫までが短期間なのでコンテナ向き。つるあり種は支柱が必要ですが、収穫量が多く長く楽しめます。

つるなし種はアーロン（サカタのタネ）、つるあり種はいちず菜豆《さいまめ》（カネコ種苗）、ケンタッキーワンダー（サカタのタネ）、モロッコ（タキイ種苗）など。

栽培のポイント

- ■気温20度を超えて暖かくなってきたら、コンテナに種を直まきする。
- ■アブラムシがつきやすくなるので、追肥せずに育てる。

栽培難易度 やさしい

日当たり 十分な日照が必要

栽培カレンダー（関東基準）

	1	2	3	4	5	6	7	8	9	10	11	12
春まき				●種まき	●種まき		収穫	収穫				
夏まき							●種まき			収穫		

●種まき　■収穫

発芽適温 20～25度

生育適温 20～25度

コンテナの大きさ 大

※本書では30cm×30cm×深さ25cmの容器に2粒ずつ3か所（6株）

1 種まき

春か夏に直《じか》まきする

①2粒ずつ3か所に直まき。株間は10～15cm程度。

②種の3倍ほどの厚さに土をかけ、手でおさえて鎮圧（P219）。種が出ないように、ジョウロでたっぷり水やりをする。

③種まきから数日で発芽。弱々しい芽があれば、抜きとっておくとよい。写真は種まきから12日後。

インゲンの種
（種子消毒あり）

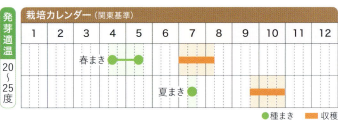

2 支柱立て

株が20㎝くらいになったら支柱を立てる

① 支柱を立て、つるを誘引してからませる。

② 約3週間でつるがのびた状態。枯れた葉は病気の原因になるので、こまめにとりのぞいておく。下のほうのわき芽も手でかき、風通しをよくする。

コンテナの四隅に支柱を立て、横にヒモを渡してつるをからませてもOK。

3 収穫

花がついた頃の水やりが重要

① 約1か月で花がつき、花1個に2本の実がつく。この時期の水やりは欠かさないこと。

② 実が10 ～ 15㎝くらいになったら、株の下のほうから順に収穫。収穫が遅れると株が弱るので、実がふくらみすぎる前に収穫しよう。

POINT 追肥

花が咲きはじめる頃、ぼかし肥か鶏糞をひとつかみ株間に追肥すると実つきがよくなる。アブラムシが発生しているときは、追肥は控えめに。

いろいろなインゲン

モロッコインゲン

大きな平たいサヤができる品種。長さ15～20㎝で収穫。

紫インゲン

つるなし種とつるあり種があり、加熱すると濃い緑色になる。

エダマメ

マメ科

とりたてのマメのおいしさは家庭菜園ならでは！

収穫のタイミングを逃さずにとった新鮮なエダマメは、香りも甘みもまるでちがうおいしさです。コンテナ栽培では、肥料のやりすぎとカメムシの発生に注意。夏に食べるには、早生、中生、晩生と多くの品種があるので、約80日程度で収穫できる早生種を選びます。品種は、おつな姫・夏の装い・夏の声原早生・福成（サカタのタネ）、奥（タキイ種苗）など。地元の在来種の種が入手できれば、栽培してみましょう。

栽培のポイント
- やせた土でも育つため、肥料をやりすぎないのがポイント。
- 花が咲いている時期に水切れすると、実のつきが悪くなるので注意。
- サヤができてからはカメムシに気をつける。

栽培難易度：ふつう

日当たり：日照が十分必要

コンテナの大きさ：大
深さ25cm以上

※本書では50cm×30cm×深さ25cmの容器に株間20cmで2株ずつ（計4株）

	発芽適温	生育適温	栽培カレンダー（関東基準）											
	20〜30度	20〜30度	1	2	3	4	5	6	7	8	9	10	11	12
種まき						●	━	━	●					
収穫									━	━	━	━		

1 種まき

早生種の種を春に直まきする

① コンテナに1か所3粒ずつ2か所に直まき。種の厚さの3倍ほどの土をかけ、手でおさえて鎮圧（P219）し、たっぷり水やりをする。

枝豆の種は大豆。

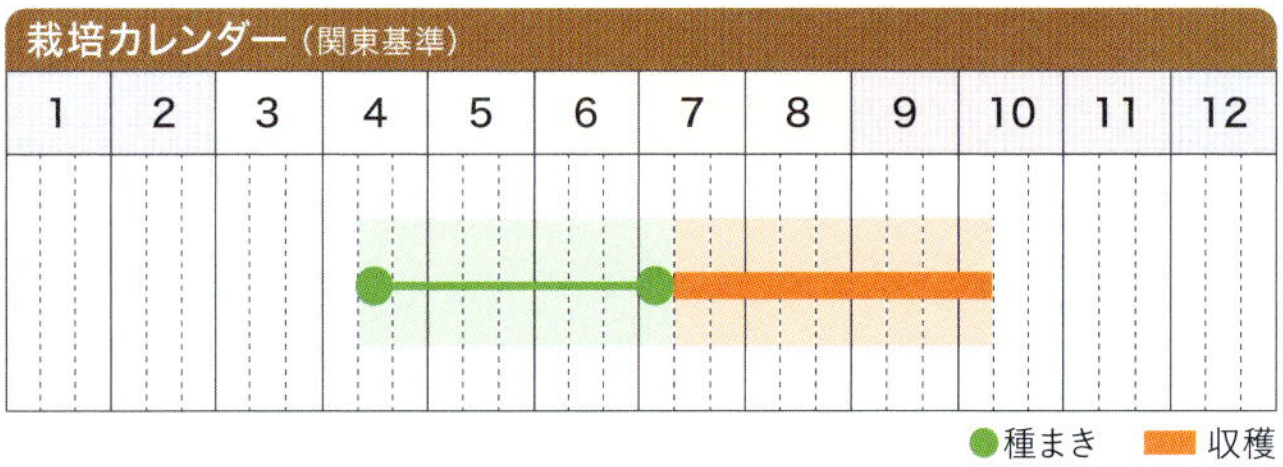

② まいた種や発芽したばかりの双葉は、鳥に食べられることがあるので注意。トンネルがけをしておくとよい。

2 間引き・摘《てき》芯《しん》

主枝を摘芯してわき芽を増やす

①種まきから約1週間で発芽。本葉2、3枚になったところで、育ちのよい株を2本残して間引きする。

②約1か月後の様子。草丈30㎝くらいになったところで、主茎の先端を摘芯してわき芽を増やす。

③花がつきはじめたところ。花が咲いている時期は、乾燥させないように注意してたっぷり水やりをする。

エダマメの害虫

カメムシがつくと、実の養分を吸って実がふくらまなくなる。サヤがついてきた頃はよくチェックし、見つけたら駆除。素手でつぶすと臭うので注意。

3 収穫

サヤの様子を見て早めに収穫

①サヤがしっかりふくらんだら、収穫適期。

②1個ずつ切りとって収穫。枝ごと引き抜いてもOK。

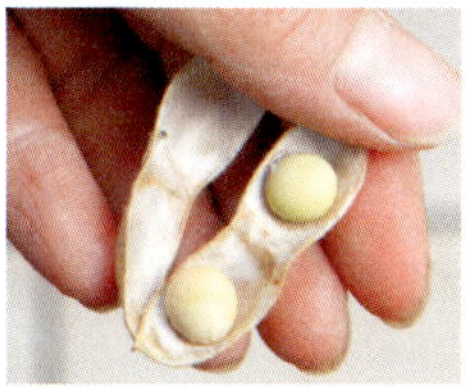

③エダマメがついたら、枯れるまでおいておくと大豆として収穫できる。大豆を収穫したい場合は、晩生種がおすすめ。

きれいな花も楽しめる夏の健康野菜

オクラ

アオイ科

北東アフリカ原産で、日本には中国を経て明治時代に入ったといわれています。暑さに強く、気温が低いと発芽しにくいので、5月から6月はじめに気温を見てまきましょう。五角形のオクラが一般的ですが、断面が丸いタイプのオクラは、大きくなっても硬くなりにくいので家庭菜園におすすめ。

品種は、八丈オクラ（野口種苗）、島の唄・ピークファイブ（サカタのタネ）、アーリーファイブ、グリーンソード（タキイ種苗）など。

栽培のポイント

- ■気温が低いと発芽しにくいので要注意。種を浸水させてからまくと発芽率が高くなる。
- ■収穫しながら、収穫した下の葉を落としていくとよい。

コンテナの大きさ 大

※本書では35cm×35cm×深さ30cmの容器に1株

発芽適温 25〜30度

生育適温 20〜30度

栽培カレンダー（関東基準）

	1	2	3	4	5	6	7	8	9	10	11	12
●種まき					●	●						
■収穫							■	■	■			

栽培難易度 難しい

日当たり 十分な日照が必要

1 種まき

種を浸水させて発芽を促す

①オクラは1株が大きく草丈が高くなるので、大きさが十分あるコンテナを選ぶ。コンテナに3粒、直まきする。

②覆土、鎮圧（P219）し、たっぷり水やりをする。

オクラの種

まく前に1〜2日ほど水を換えながら浸水させておくと発芽しやすくなる。

2 間引き

コンテナの大きさに合わせて間引き

①発芽して本葉が出た頃、よい株を1つ残してあとは間引く。

②30cmくらいにのび、つぼみも出てきている。茎の下の部分がのびてきたところで、増し土（P204）をする。

3 支柱立て

支柱で株を支える

アオイ科らしい美しい花が咲く。実がついてきた頃、支柱を立ててヒモで茎を結ぶ。

POINT 追肥

オクラは肥料好きの野菜。開花したら、2週間に1回ほど鶏糞かぼかし肥を株のまわりにひとつかみ追肥する。

4 収穫

実は硬くならないうちに早めにとる

①実が長さ6、7㎝になったところで収穫。収穫する実の下の葉はとっておくと、養分がほかの実にまわる。

②1つずつ、ハサミで収穫。

③根元が出てきているようなら、新たな土を入れて増し土（P204）をする。

5 種とり

実を枯らせて種をとる

①種をとるときは、収穫せずにとっておく。

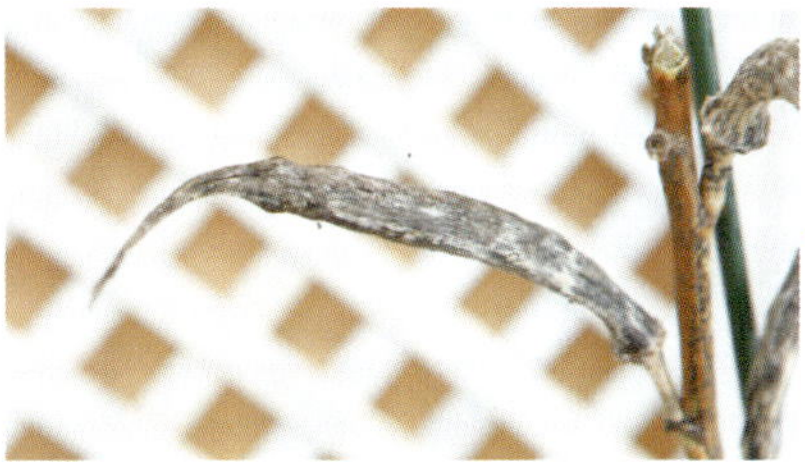

②完全に枯れたらつみとる。

③さやから種を出し、ガラスビンなどに入れて保管する。

いろいろなオクラ

赤オクラ

さやが赤い品種。加熱すると濃緑色になる。

カボチャ（ミニカボチャ）①

ウリ科

手のひらサイズのミニカボチャをコンテナでつくろう

カボチャの種類は、おもに高温多湿に強い日本カボチャ系と低温に強い西洋カボチャ系に分かれます。コンテナ栽培では、ミニカボチャの品種でプッチィーニ（サカタのタネ）などを選ぶとよいでしょう。雌花、雄花が咲くので、開花時期には人工授粉をさせることも重要です。西洋カボチャは親づるをのばし、日本カボチャでは親づるを摘芯して、子づるをのばします。本書では親づるをのばす方法で栽培しています。

栽培のポイント

■ 早めにポットまきで育苗するか、気温が上がってきてからコンテナに直まきする。

■ つるが混んで葉が茂りすぎないように、風通しをよくする。

■ コンテナ栽培では花が咲いた朝に人工授粉をして、実をつけさせる。

コンテナの大きさ	生育適温	発芽適温	栽培カレンダー（関東基準）												栽培難易度	日当たり
大 深さ25cm以上	20度前後	25〜28度	1	2	3	4	5	6	7	8	9	10	11	12	難しい	日照十分な必要

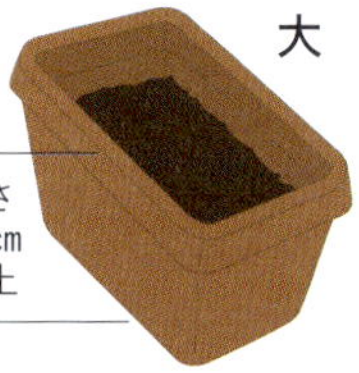

※本書では50cm×30cm×深さ25cmの容器に1株

● 種まき　▲ 植えつけ　■ 収穫

1 種まき

種を浸水させておき、直まきする

ミニカボチャの種
（種子消毒あり）

① コンテナに直まきする場合は、2、3粒を点まきにして、あとからよい株を選ぶ。

② 気温がまだ低いときは、ポットに種をまき暖かい場所で育苗する（P196）。双葉が出て、本葉が4、5cmまで成長した苗。

2 植えつけ

気温が上がってきたら定植

①ポットから出し、根をくずさずにコンテナに定植。

②植えつけ後は、たっぷり水やりをする。

3 支柱立て

支柱を立ててつるを誘引

つるがのびてきたら、周囲に支柱を立てる。

4 摘《てき》芯《しん》

親づるを残して子づるを切る

①つるがのびて混んできたら、子づるをすべて切って、親づるをのばす。（日本カボチャの場合は、子づるをのばす。）

②親づるを残して、子づるはすべて切る。

③のびている親づるを支柱に誘引して結ぶ。

5 人工授粉

雌花が咲いたら朝のうちに人工授粉する

①ガク部分に小さな実のふくらみが見られるのが雌花。

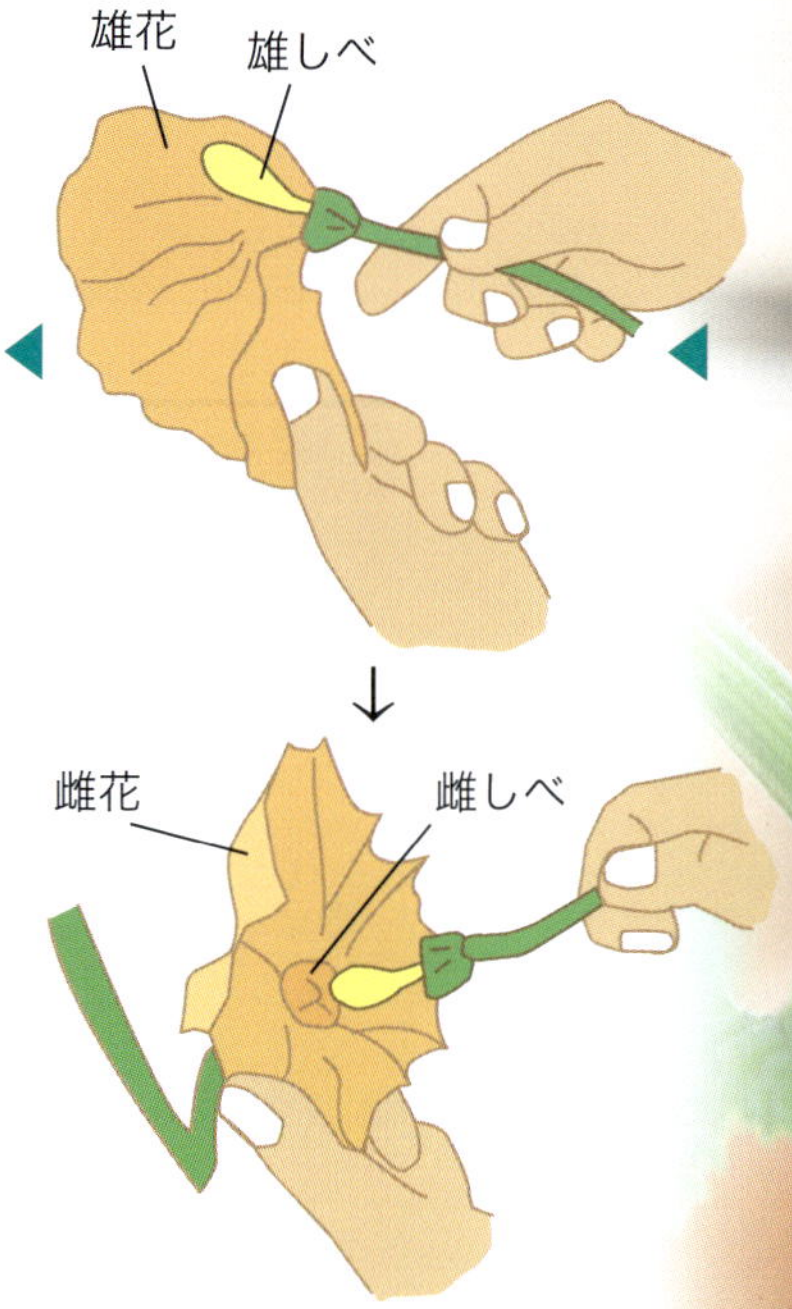

②雌花が咲いたら、その日の朝のうちに雄花をとり、雌花の柱頭に雄花の花粉をなすりつけるようにする。

③つるがどんどんのびるので、支柱につるがまわるように誘引。実がつくと重くなるので、実の下あたりでヒモを8の字にかけて支柱に結ぶ。

POINT 追肥

雌花のつけ根がふくらんで実が成長してきたら、液肥、ぼかし肥、鶏糞などを株元に追肥する。

6 収穫

ヘタが枯れてきたら収穫時期

①開花後、40〜50日後が収穫の目安。

②ヘタが枯れてコルクのようになったら切って収穫。

③実を収穫してから常温において追熟させると、甘みが増す。

カボチャ（ミニカボチャ）②

育て方はカボチャ①と同様。栗っプチ（サカタのタネ）はカボチャ①よりやや実が大きく、ほくほくとした食感と栗のような甘さが特徴です。

1 植えつけ

①カボチャ栗っプチ（サカタのタネ）の苗。

②ポットから出し、根をくずさずにコンテナに定植。

2 支柱立て・誘引

①株の周囲に支柱を立てる。

②つるを支柱に誘引して結ぶ。以後、成長するたびに誘引して支柱に結ぶ。

3 摘《てき》芯《しん》

つるが混んできたら、ハサミで親づるの先端を摘心する。

4 収穫

開花後40日が収穫の目安。ヘタが枯れてコルク状になったらハサミで切って収穫。

朝どりキュウリのみずみずしさは格別のおいしさ!

キュウリ

ウリ科

インドのヒマラヤ山麓原産のキュウリは、みずみずしさが魅力の夏野菜。水切れに気をつけて大きなコンテナで栽培すれば、夏の間次々と収穫できます。育苗《いくびょう》は温度管理が難しいので、苗から育てたほうが成功率は高くなります。

品種は、さつきみどり・よしなり（サカタのタネ）、つばさ・夏すずみ（タキイ種苗）など。在来種は相模半白《さがみはんじろ》（野口種苗）などがおすすめです。

栽培のポイント

- 1日中強い日差しを受けたり、強い風を受ける場所は避ける。
- 水切れしないように、大きめのコンテナで栽培する。
- わき芽かきをして、つるが混み合わないようにする。

栽培難易度　ふつう

日当たり　1日5時間以上

栽培カレンダー（関東基準）

	1	2	3	4	5	6	7	8	9	10	11	12
種まき			●									
植えつけ				▲	▲							
収穫						■	■	■				

●種まき　▲植えつけ　■収穫

発芽適温　25〜30度

生育適温　22〜28度

コンテナの大きさ　大

※本書では50cm×30cm×深さ25cmの容器に2株

1 種まき

ポットにまいて育苗（P196）する

キュウリの種

種は、ポットに2粒ずつまき、たっぷり水やりする。

①7〜10日ほどで発芽するので、双葉のときに元気なほうを1本残す。

②本葉が出てきた頃。

2 植えつけ

本葉が4、5枚の時期に植えつける

①本葉4、5枚の頃に植えつけ。ポット苗を購入するときは、茎がしっかり太く、葉がきれいなものを選ぶ。

②ポットをはずし、根をくずさないでそのまま植える。

③コンテナが横に長い場合は、2株植えてもOK。そのときは、株間を30㎝以上あけること。植えつけ後は、十分に水やりをする。

POINT 追肥

キュウリは肥料が好き

植えつけから2週間後、1回目の追肥。株のまわりに鶏糞かぼかし肥をひとつかみまく。以降、2週間ごとに追肥する。実がついている間は、液肥を毎日与えてもOK。

3 支柱立て

つるが出てきたら支柱を立てる

①はじめのつるが出たら、160～180㎝程度の長めの支柱を立てる。

②茎を8の字に結んで誘引し、つるを支柱に誘導する。

4 わき芽かき・整《せい》枝《し》

風通しよく仕立てる

下から5節までのわき芽（子づる）はかいて、風通しをよくしておく。6節から上の子づるは、のばしておくと風通しが悪くなるので、2節目の先で切るとよい。親づるは、支柱の長さに達したところで摘芯する。

5 誘引

つるがのびるたびに誘引する

つるがどんどんのびるので、毎日チェックして、わき芽かきと同時に誘引する。

6 人工授粉

雄花をつみ、人工授粉する

黄色い花が咲く。ガクの部分にキュウリになるふくらみがあるのが雌花。雌花が咲いたら、朝のうちに雄花をつみ、雌しべに雄花の花粉をつけて受粉させると、実をより確実に収穫できる。

7 収穫

実は早めに収穫する

① はじめの1、2本は、小さいうちに収穫して株を充実させるとよい。

② その後も、実が大きくなりすぎないよう、早めにハサミで切って収穫。

キュウリの病害虫

ウリハムシ

オレンジの羽のウリハムシやナナホシテントウに似たニジュウヤホシテントウはつきやすい害虫。見つけしだいとります。病気では、うどんこ病が出やすいので、わき芽をしっかりかいて日当たりと風通しをよくすることで予防しましょう。

ニジュウヤホシテントウ

つるがのびて葉が茂るので、グリーンカーテンにも最適！

ゴーヤー（ニガウリ）

ウリ科

ニガウリ、ツルレイシとも呼ばれ、沖縄料理には欠かせない夏野菜。暑さに強く、病害虫もあまりつかないので初心者にもおすすめ。大きめのコンテナに植えつけ、支柱やネットに誘引すれば、葉が茂ってグリーンカーテンとなり、窓辺の日よけになります。

ゴーヤーはビタミンCが豊富で、独特の苦みがある健康野菜。品種は沖縄あばし苦瓜（野口種苗）、太れいし・さつま大長れいし（タキイ種苗）など。

栽培のポイント

- 種をまく場合は20度を超えてからポットにまいて育苗する。
- 日当たりがよく風通しのよい場所で育てる。
- 夏に水切れしないよう、とくに実がついてからは十分に水やりすること。

栽培難易度　やさしい

日当たり　十分な日照が必要

栽培カレンダー（関東基準）

1	2	3	4	5	6	7	8	9	10	11	12
			●─●	▲─▲		━━	━━	━━			

●種まき　▲植えつけ　━収穫

発芽適温　25〜30度

生育適温　20〜30度

コンテナの大きさ　大

※本書では50cm×30cm×深さ25cmの容器に1株

1 種まき・植えつけ

本葉3、4枚でコンテナに植える

ゴーヤーの種

種は、ひと晩、水につけておく。

① ポットに1粒ずつまき、育苗する（P196）。

② 本葉3、4枚の頃にコンテナに植えつける。

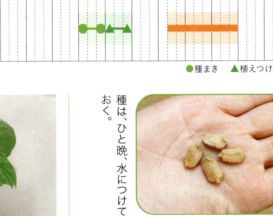

2 支柱立て

つるが出てきたら支柱を立てる

①成長に合わせて支柱を立て、つるを誘引する。

②ネットを張ると、自然にはわせることができる。

POINT 追肥

つる丈50cmの頃、鶏糞かぼかし肥を株のまわりに追肥。その後、2週間に1回ずつ追肥するとよい。

3 人工授粉

実つきが悪いときは人工授粉をする

①植えつけてから1か月くらいで花がついてくる。花の下に小さなふくらみがあるのが雌花。

②雌花が咲いたら、咲いたばかりの雄花を朝につみ、雌花の雌しべに花粉をつけて人工授粉する。

4 収穫・種とり

実が大きくなったら収穫

①雌花が枯れたあと、実がだんだんと大きくなり、緑も濃くなってくる。

②実の大きさ、長さは品種によってもちがうが、緑が濃くなってきたら収穫どき。ハサミで切って収穫。

③実をおいておくと黄色く熟し、赤い中に種ができている。種は洗って保存する。

苗で冬越しするマメ科の野菜

サヤエンドウ

マメ科

害虫などもつきにくく、育てやすい野菜です。秋に種まきをしたら、小さな苗の状態で冬越しをさせて春に収穫。また、「豆苗」として売られている野菜は、サヤエンドウなどエンドウの若芽なので、苗が10㎝程度のとき、収穫して「豆苗」として食べてもOK。

品種は、有機で育てやすい豊成（サカタのタネ）のほか、あずみの30日絹莢PMR（サカタのタネ）など。春まきできる品種もあります。

栽培のポイント

- ■発芽に適した気温のときに、種まきする。
- ■日当たりのいい場所で、水はけのいい土で栽培する。
- ■支柱を立て、つるを誘引して大きくする。

栽培難易度 ふつう

日当たり 十分な日照が必要

栽培カレンダー（関東基準）

	1	2	3	4	5	6	7	8	9	10	11	12
●種まき										●	●	
■収穫					翌年収穫							

発芽適温 15〜20度

生育適温 10〜20度

コンテナの大きさ 大

※本書では50㎝×30㎝×深さ25㎝の容器に2株ずつ2か所

1 種まき

秋にコンテナに直《じか》まきする

サヤエンドウの種
（種子消毒あり）

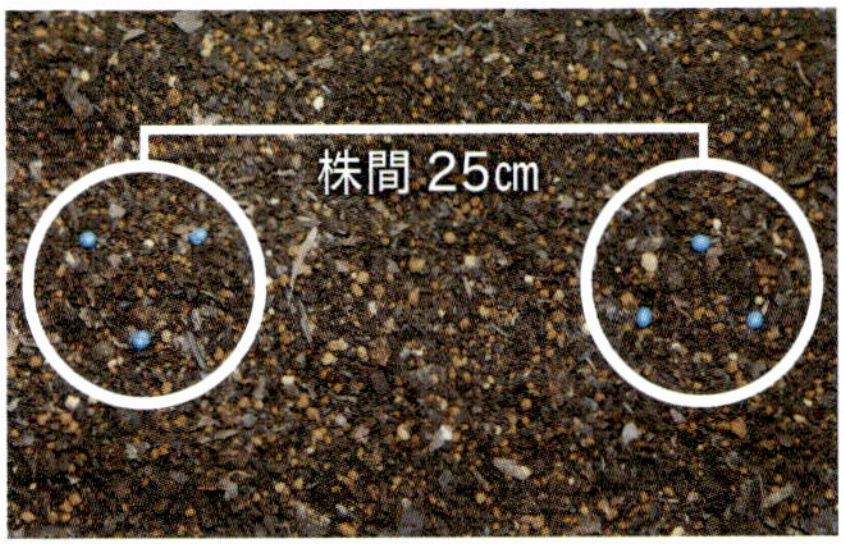

株間 25㎝

①1か所に3粒ずつの点まきにする。2か所まく場合は、25㎝くらい間隔をあける。

②土を種の3倍くらいの厚さにかける。

③鎮圧して(P219)、水やりをする。

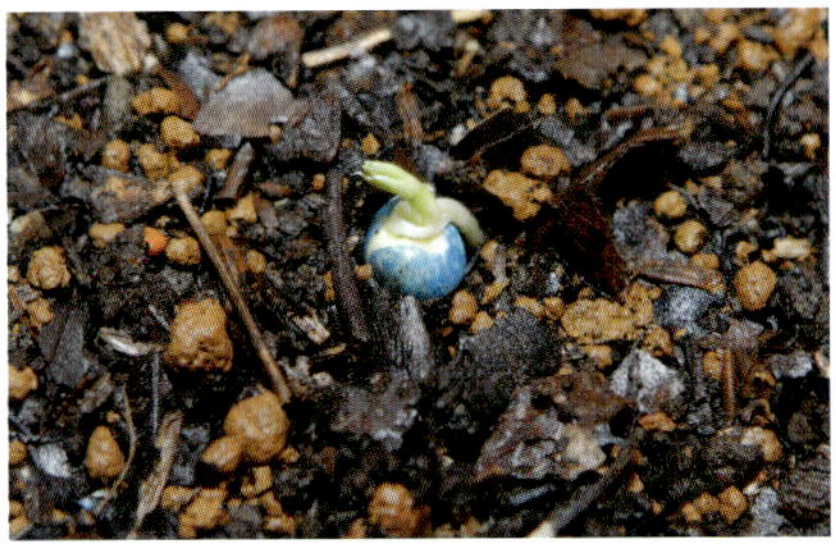

④約1週間で発芽したところ。

Part 1 実野菜・マメ類 サヤエンドウ

2 間引き

いい芽を残して間引く

①種まきから3週間後、本葉が出て、つるがのびてくる。

②さらに2週間後、よい株を選び1か所に2本になるように間引く。1か所1本ずつにして、株を大きく育ててもよい。

間引き後
間引き前

3 支柱立て

つるが誘引できるよう支柱を立てる

つるがのびてきたら、支柱を立てる。コンテナの四隅に支柱を立て、ヒモを全体に渡してつるがからみやすいようにする。

四隅に立てた支柱につるを巻きつけ、上でまとめてピラミッド型にしてもよい。

POINT 追肥

春になると、次第につるがのびてくるので、育ちが悪いようならこの時期に追肥。鶏糞かぼかし肥をひとつかみ株のまわりにまく。

4 収穫

1個ずつハサミで収穫

①サヤエンドウの花。品種によって白花と赤花がある。

②花のあとについたキヌサヤが大きくなってくる。

③大きくなり、サヤがやわらかいうちに切って収穫する。

シカクマメ

熱帯生まれの沖縄の伝統野菜

マメ科

熱帯地方で広く栽培されているマメで、サヤの角が縁どりしたようにヒラヒラして断面が四角いのが特長。うりずんとも呼ばれる。暑さに強く、つるがのびて大きな株になり、実も多くつきます。サヤの長さは15cmほどで、炒めものや天ぷらで食べるのがおすすめです。

品種は、シカクマメ（サカタのタネ）など。

栽培のポイント

- 低温に弱いので、十分に気温が上がってから種まきをする。
- つるが長くのびるので高めの支柱を立てること。

栽培難易度　ふつう

日当たり　十分な日照が必要

栽培カレンダー（関東基準）

1	2	3	4	5	6	7	8	9	10	11	12
				●●▲		収穫	収穫	収穫			

●種まき　▲植えつけ　■収穫

発芽適温　25〜30度

生育適温　20〜30度

コンテナの大きさ　大

※本書では50cm×30cm×深さ25cmの容器に2株

1 種まき

ポットにまいて育苗する

シカクマメの種

気温が25度くらいになった頃、ポットに2粒ずつ、深さ約1cmにまいて、たっぷり水やり。暖かい場所で水切れに注意して育てる。1週間ほどで発芽する。コンテナに直まきしてもよい。

2 植えつけ

本葉4、5枚で植えつける

①元気な1本を残し、本葉4、5枚になるまでポットで育苗する。

②ポットをはずし、コンテナに植えつける。

③2株以上植える場合は、株間20cm程度はあけるようにする。

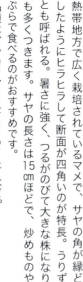

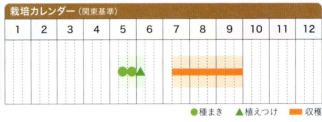

POINT 追肥

草丈がのびてきた頃、鶏糞かぼかし肥を株のまわりに追肥する。

3 支柱立て

長めの支柱を立てる

①植えつけから1週間後。

②つるがのびてきたら、支柱を立てて誘引する。

4 収穫

サヤが長さ15㎝になったら収穫する

①マメ科らしい形の薄紫色の花が咲く。

②花ガラのあとに実がつき、次第に大きくなってくる。

③サヤの長さが15㎝くらいになったら、切って収穫する。

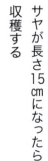

夏の炒めものに活躍する、辛みが少ないトウガラシ

シシトウ

ナス科

ビタミンCが豊富なピーマンの仲間。大きめのコンテナで、日当たりのよい場所で育てれば簡単につくれる夏野菜です。害虫もつきにくいので初心者にもおすすめ。焼く、炒める、揚げるなどさまざまなメニューで味わえます。

正式名はシシトウガラシ。辛みが少ない伏見甘長《ふしみあまなが》トウガラシ（サカタのタネ）は有機でもつくりやすくおすすめ。ほかに万願寺《まんがんじ》唐辛子（野口種苗）、翠臣《すいしん》（サカタのタネ）など。

栽培のポイント

- ■水はけのよい土を使い、日当たりのよい場所で栽培する。
- ■暑さには強いが乾燥に弱いので、水切れに注意すること。
- ■種から育てる場合は、3月頃にポットまきして暖かい場所で育苗する（P196）。

栽培難易度 やさしい

日当たり 十分な日照が必要

栽培カレンダー（関東基準）

	1	2	3	4	5	6	7	8	9	10	11	12
種まき		●	●									
植えつけ					▲▲							
収穫							■	■	■			

●種まき ▲植えつけ ■収穫

発芽適温 25～30度

生育適温 18～30度

コンテナの大きさ

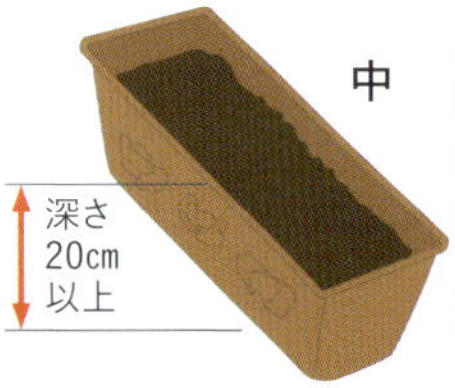

※本書では55cm×20cm×深さ25cmの容器に2株

1 種まき

ポットまきで育苗する

シシトウの種（伏見甘長）

ポットに腐葉土を入れて2粒ずつ種まきして、温度管理をして育苗（P196）。本葉が出てきた頃1本に間引く。

2 植えつけ

本葉4、5枚でコンテナに植えつける

① 本葉8～10枚が出た苗。万願寺唐辛子（上）と伏見甘長トウガラシ（下）。

② ポットをはずし、根をくずさずに植えつける。植えつけ後にたっぷり水やりをする。

③ 株間を25cm以上あければ複数株植えてもOK。

シシトウの害虫

穴があいているときはタバコガの幼虫が入っている可能性が大。早めにつみとろう。

ホオズキカメムシの卵は、葉ごととりのぞく。

POINT 水やりと辛さの関係

シシトウは乾燥を嫌うので、植えつけ後も水切れしないように注意。また、シシトウの辛みは水やりの量と関係していて、水やりが少ないと辛みが強いシシトウになる。逆に辛みが強い品種のトウガラシでも、どんどん水やりしながら育てると辛みがやわらぐ。

3 追肥・支柱立て

追肥は多めにする

① シシトウの花。花が咲いた頃から実がつくまで、2週間に一度、追肥。ぼかし肥か鶏糞をひとつかみ株のまわりにまく。

② 大きく成長した場合は、中央に1本支柱を立てて、ヒモで結んでやるとよい。

4 収穫

植えつけから40～50日以降に収穫

① 品種によるが、実が10～15㎝くらいになった頃、切って収穫する。

② 万願寺唐辛子(左)と伏見甘長トウガラシ(右)。

小玉ならコンテナでも栽培可能！

スイカ

ウリ科

スイカは株も実も非常に大きく成長する野菜。コンテナ栽培には、空中栽培がしやすい小玉スイカを選びましょう。植えつけ後は摘芯やわき芽かきなど、ひと手間かけると実つきがよくなります。つるがのびたら、まめに支柱に誘引を。

小玉スイカの品種のピノ・ガール（ナント種苗）は、糖度が高くて味がよいのが特徴。また種は通常のスイカの4分の1程度の大きさで、そのまま食べることができます。

栽培のポイント

- ■水はけのよい土を好むため、もみ殻燻炭を多めに配合するとよい。
- ■高温と強い光を好むので、日当たりのよい場所で管理。
- ■実つきをよくするために、摘芯と芽かきをするとよい。

栽培難易度 難しい

日当たり 十分な日照が必要

栽培カレンダー（関東基準）

	1	2	3	4	5	6	7	8	9	10	11	12
植えつけ					▲							
収穫							■	■				

▲植えつけ　■収穫

発芽適温 25～30度

生育適温 25～30度

コンテナの大きさ 大

※本書では32cm×50cm×深さ27cmの容器に1株

1 植えつけ

種から育てる場合はポットで育苗する

①ピノ・ガールの苗。本葉4、5枚で定植する。

②苗を逆さにし、やさしくポットをはずす。

③根をくずさずにそのまま植え、手で株のまわりをおさえて安定させる。

④植えつけ後、十分に水やりをする。

2 支柱立て・誘引

支柱につるを誘導してヒモでしばる

①植えつけから３週間ほどたち、つるが成長。

②株の周囲に支柱を立てる。

③支柱につるを誘引して結ぶ。

3 摘芯《てきしん》・摘果《てきか》

1本のつるに1個の実を残す

①つるがのびたら、親づるを根元から5～6節目で摘芯する。

②実が重くなるので、実のついたつると支柱を結ぶとよい。

③実がついてきたら、１本のつるに１個の実を残して摘果する。

4 収穫

巻きひげが枯れたら収穫する

①ピノ・ガールは、開花から35～38日で収穫。実のついている節から出た巻きひげが、枯れるのも収穫の目安。

②ハサミで切って収穫する。

POINT 追肥

実がついたら追肥をする。液肥やぼかし肥、鶏糞などを、株元に施す。

鳥害を防ぐ

スイカの実はカラスなどの鳥に狙われやすい。鳥除けをする場合は、株全体を防鳥ネットなどで覆うとよい。

大きなコンテナでゆったり育てる

ズッキーニ

ウリ科

形はキュウリに似ているウリ科のズッキーニですが、別名つるなしカボチャと呼ばれるカボチャの仲間です。β-カロテンやビタミンCを含み、炒めもの、スープなどにして食べるのがおすすめ。実が大きくなり場所もとるので、大きなコンテナで1株を育てましょう。市販されているサイズで収穫せず、実を大きく育てても可。

品種は、ダイナー・オーラム（タキイ種苗）など。品種によって緑、黄などがある。

栽培のポイント

- 苗は気温が十分に上がってから植えつける。
- 種まきから育てる場合は、暖かい環境で育苗する。
- 2週間ごとに追肥するとよい。

コンテナの大きさ 大

深さ25cm以上

※本書では35cm×35cm×深さ30cmの容器に1株

生育適温 17～22度

栽培カレンダー（関東基準）

	1	2	3	4	5	6	7	8	9	10	11	12
●種まき			●	●								
▲植えつけ					▲							
■収穫							■	■				

栽培難易度 ふつう

日当たり 十分な日照が必要

1 苗づくり

ポットまきで育苗（P196）する

② 双葉が出たら、元気なほうを残して1本に間引く。

① ポットに2粒ずつまいてたっぷり水をやり、暖かい環境で育てる。コンテナに直まきする場合は、4月下旬から5月に入って暖かくなってからまこう。

ズッキーニの種
（ダイナー）

2 植えつけ

本葉4、5枚で植えつける

① 本葉4、5枚のズッキーニ。

② ポットをはずして植え、たっぷり水をやる。

3 追肥

2週間ごとに追肥する

植えつけから2週間後。この頃から、2週間に一度の割合で追肥する。ぼかし肥か鶏糞を株のまわりにひとつかみおく。

4 人工授粉

確実に受粉させて実を大きくする

根元にふくらみのあるのが雌花。雌花が咲いたら、朝早いうちに雄花をつみ、雌しべに花粉をつけてやるとよい。

POINT 管理作業

ズッキーニはうどんこ病になりやすいので、風通しをよくして予防する。枯れた葉や株元に近い場所で混み合っている葉は、こまめにとりのぞく。また形の悪い実もとりのぞき、形のよい実を大きく育てよう。

5 収穫

実の大きさを見て収穫

① 開花後1週間から10日頃が収穫どき。目安は20㎝くらい。根元から切って収穫。

② 大きく育てて収穫してもよい。1株から何本か収穫できる。

シャキシャキ感と甘さがおいしい！

スナップエンドウ

マメ科

スナップエンドウは、アメリカでサヤエンドウからつくられた新しい品種。次々と実をつけるので、コンテナでも多くの収穫が期待できます。

つるありとつるなしがありますが、収穫量が多いのはつるあり品種。ジャッキー・グルメ（タキイ種苗）、つるありスナック・つるあり大さやスナック スナック753（サカタのタネ）などがあります。春まきできる品種もあります。

栽培のポイント

- ■秋に種をまき、寒さに強い小さな苗の状態で冬越しさせる。
- ■支柱を立ててつるをはわせるようにする。

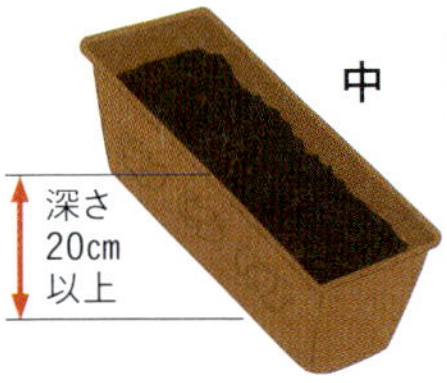

※本書では55cm×20cm×深さ25cmの容器に2株ずつ2か所

コンテナの大きさ

生育適温 10～20度

発芽適温 15～20度

栽培カレンダー（関東基準）

	1	2	3	4	5	6	7	8	9	10	11	12
種まき										●	●	
収穫				翌年収穫	■	■						

●種まき ■収穫

栽培難易度 ふつう

日当たり 十分な日照が必要

1 種まき

コンテナに種を直《じか》まきする

スナップエンドウの種
（種子消毒あり）

①コンテナに1か所に3粒ずつ点まきする。

②指で種をおして覆土し、鎮圧する（P219）。

③たっぷり水やりをする。

2 支柱立て・追肥

つるが出てきたら早めに立てる

①1週間ほどで発芽する。

②本葉が出たら、元気な1、2株を残して間引く。この頃、1回目の追肥。鶏糞かぼかし肥をひとつかみ株のまわりにまく。

③つるがのびてきたら支柱を立て、つるを誘引する。ここではあんどん型支柱2つをハリガネでつなげて使用。

④つるを巻きながら成長していく。

⑤開花の頃、2回目の追肥。

3 収穫

大きくなったものから次々に収穫する

①花が咲いたあとに、小さな実がつきはじめる。

②実が十分にふくらんできたところで、ハサミで切って収穫。大きくなった実をつけたままにすると株が疲れるので、まめに収穫する。

ソラマメ

冬越しさせて春に楽しむ香り高いホクホク食感

マメ科

ソラマメは名前のとおり、空を向いて上向きにサヤがつき、収穫の適期になるにつれて下向きになっていきます。旬の期間が短く、鮮度が落ちるのも早いので、タイミングよく収穫して、早めに食べ切りましょう。

多収でつくりやすい打越《うちこし》緑《みどり》一寸《いっすん》（サカタのタネ）、実が赤くなる初姫《はつひめ》（みかど協和）など、さまざまな品種があります。

栽培のポイント

- もっともアブラムシがつきやすい作物のひとつ。こまめにチェックしてとりのぞく。
- 秋に種をまき、冬越しさせる。収穫は春に行う。
- 開花時期に追肥するが、アブラムシがついている場合は控える。

栽培カレンダー（関東基準）

	1	2	3	4	5	6	7	8	9	10	11	12
種まき										●		
収穫				翌年収穫	■	■						

●種まき　■収穫

栽培難易度：難しい

日当たり：十分な日照が必要

発芽適温：20度前後

生育適温：15〜20度

コンテナの大きさ：大

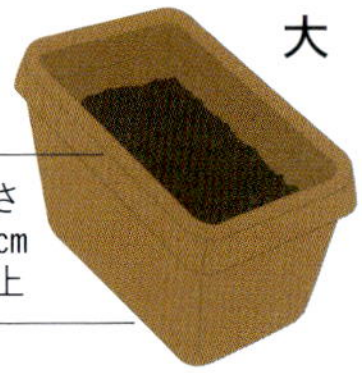

深さ30㎝以上

※本書では50㎝×30㎝×深さ30㎝の容器に2株

1 種まき

オハグロを斜め下にして埋める

ソラマメの種マメ
品種は一寸そらまめ。

① コンテナの中央に3粒まく。オハグロ（黒いスジの部分）を斜め下に向けて、深さ2㎝で植える。

② 軽く覆土し、鎮圧（P219）する。

③ 発芽しなかったときのために、コンテナの端に予備の種をまいておいてもよい。

2 間引き

元気な株を残して育てる

①発芽したソラマメ。

②本葉が展開した頃、2～3株に間引く。写真は予備に種まきした株を間引くところ。

3 収穫

サヤが下がってきたら収穫

①ソラマメの花。

②サヤが下がってきたら収穫適期。

③ハサミで切って収穫する。

ソラマメの病害虫

ソラマメの最大の敵はアブラムシ。こまめにチェックしてとりのぞくようにする。防虫テープを周囲に貼るのも効果的。

真っ赤な実は観賞用にもおすすめ

トウガラシ

ナス科

中南米原産の香辛料でピーマンの仲間。暑さにも病害虫にも強く、手間をかけずに収穫できます。辛み成分であるカプサイシンは血行をよくし、消化を助ける働きがあります。実が赤く熟してから収穫しますが、緑の実も利用できます。赤い実はつるして干せば長期間の保存も可能です。

品種は、鷹の爪（サカタのタネ・タキイ種苗）のほか、エンジョイ（サカタのタネ）など。

栽培のポイント

■育苗は温度管理が難しいので、苗からの栽培がおすすめ。

■株が倒れないようなら支柱は立てなくてもOK。

コンテナの大きさ

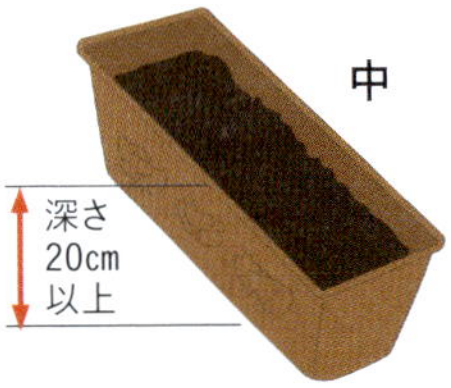

※本書では55cm×20cm×深さ20cmの容器に2株

発芽適温 25～30度

生育適温 25～30度

栽培カレンダー（関東基準）

	1	2	3	4	5	6	7	8	9	10	11	12
種まき		●										
植えつけ					▲							
収穫							■	■	■	■		

●種まき ▲植えつけ ■収穫

栽培難易度 やさしい

日当たり 十分な日照が必要

1 種まきと苗づくり

苗は暖かい場所で管理する

トウガラシの種

種は、ポットに2粒ずつまく。暖かい環境で育苗《いくびょう》して育てる(P196)。

本葉が出る頃、1本に間引く。

2 植えつけ

本葉4、5枚で定植する

① 苗は草丈15cmくらいまでポットで育てる。

② 苗をポットから出し、そのままコンテナに定植。

③ 株間は20cm程度あけるとよい。

3 支柱立て・追肥

支柱を立てて結ぶ

成長して花がつく頃、主枝のわきに支柱を1本立て、8の字で結んで支えるとよい。成長の様子を見て、1か月に1回ほど、鶏糞かぼかし肥をひとつかみ株元に追肥する。

POINT わき芽かき

はじめの花が咲いたら、花の下のわき芽をすべてかく。

4 収穫

植えつけから約3か月で収穫

① 花のあと実がつく。緑のトウガラシも収穫して利用できる。

② 赤く熟したら収穫どき。ヘタをハサミで切って収穫。

③ 茎ごと切って収穫し、つるして乾燥させてもよい。乾燥させたトウガラシは鷹の爪として使える。

夏の味覚、トウモロコシにコンテナでチャレンジ！

トウモロコシ

イネ科

甘くておいしいトウモロコシは、代表的な夏野菜。中米原産で、栽培には暑さと強い日照が必要です。受粉率を高めるために2列以上植えるのが理想なので、コンテナでも2株以上、栽培しましょう。草丈が大きくなるため、できるだけ大きなコンテナを用意します。

品種は、有機栽培でも育てやすいキャンベラ90EX（タキイ種苗）がおすすめ。ほかに、ゆめのコーンビッグ85・みわくのコーンゴールドラッシュ（サカタのタネ）など。

栽培のポイント

■日当たりのよい場所で、水切れさせせないように栽培すること。

■実入りをよくするために、人工授粉をするとよい。

栽培難易度 難しい

日当たり 十分な日照が必要

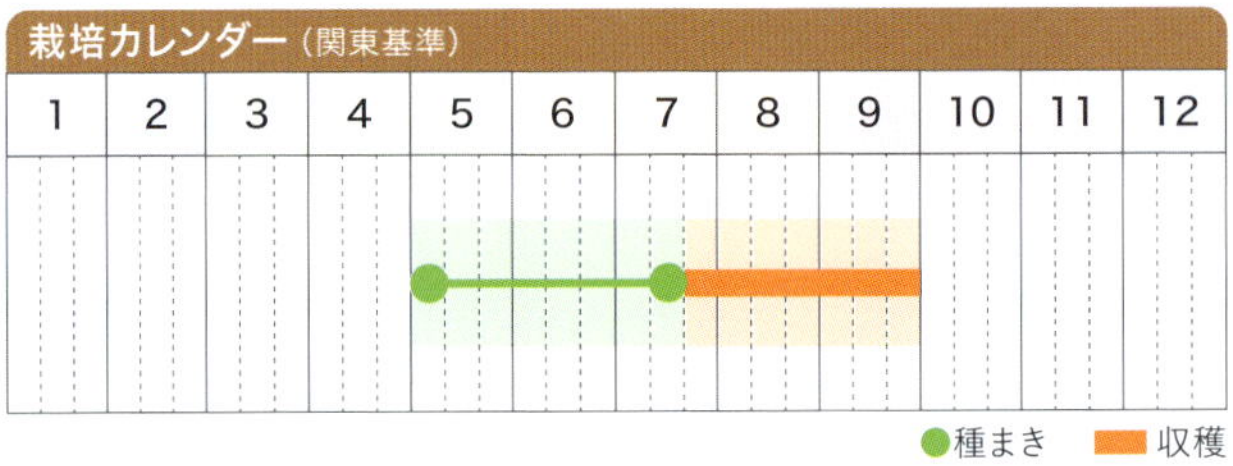

栽培カレンダー（関東基準）
1
2
3
4
5
6
7
8
9
10
11
12
●種まき
■収穫

発芽適温 20～30度

生育適温 25～30度

コンテナの大きさ 特大

※本書では65cm×40cm×深さ30cmの容器に2株

1 種まき

コンテナに直《じか》まきする

① 1か所に3粒ずつ、深さ約1cmに植えて土をかけて鎮圧する（P219）。

② 株間は30cm以上あけて2か所にまき、たっぷり水やりを。ひとつのコンテナに1株ずつ育て、複数のコンテナを並べて栽培してもOK。

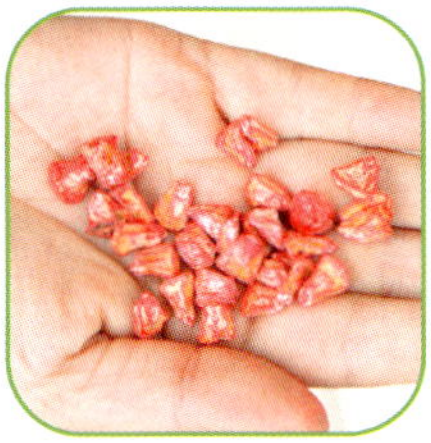

トウモロコシの種
（種子消毒あり）

2 間引き

最終的に1か所1本まで間引く

①発芽して芽がのびてきたら、1回目の間引き。よい苗を2本残して小さい1本は間引く。

②引き抜くとまわりの根が傷むので、根元で切るとよい。

③1回目の間引きから約2週間後に2回目の間引き。2本の株の小さいほうを根元で切り、1本残す。

3 支柱立て

草丈が高いので丈夫な支柱が必要

①草丈30㎝の頃、株のわきに1本ずつ支柱を立てる。

②ヒモを8の字にかけて誘引。成長に合わせて、何回かヒモで支柱に誘引する。

③さらに草丈が大きくなってきたら、横棒も設置して、支柱を強化する。

4 追肥・増し土

土を足して根に土寄せする

雄穂が出る頃、鶏糞かぼかし肥を株まわりに追肥。成長とともに根が露出するので、増し土、土寄せをする（P204）。

5 人工授粉

コンテナ栽培では人工授粉を行なう

① 初夏になると茎の先端、上に雄穂が出てくる。

② その後、雌穂が出てくる。

③ 自家受粉しないので別の株の雄穂をとり、雌穂に花粉をつけるようにして人工授粉する。

6 収穫

1株から1本を収穫

① 1株に2、3本の実がつくので一番上についた1本を残し、ほかはベビーコーンのうちに収穫。

② ベビーコーンはゆでたり、炒めものなどに。

③ 1本だけ残した実が大きくなるのを待つ。ひげが枯れてきた頃が収穫どき。

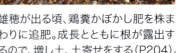

リコピンたっぷり！体にうれしい健康野菜をコンテナで

トマト（中玉トマト）

ナス科

トマトは熱帯や亜熱帯の高地帯原産のため、十分な日差しが必要ですが、高温すぎるのも苦手。昼夜の温度差があると甘い実をつけるので、夜は温度が下がるように風通しのよい場所で育てます。コンテナでは中玉がおすすめ。

中玉の品種は、有機でも育てやすいレッドオーレ（カネコ種苗）のほか、ルイ60・フルティカ（タキイ種苗）、シンディースイート（サカタのタネ）など。

栽培のポイント

- 種から育苗すると難しいが、苗から育てると成功しやすい。
- わき芽かきや摘芯など、成長に合わせたマメな手入れが必要。
- 草丈が高くなるので、丈夫な支柱を立てて風に負けないように支える。

栽培難易度 ふつう

日当たり 十分な日照が必要

栽培カレンダー（関東基準）

1	2	3	4	5	6	7	8	9	10	11	12
		●●		▲—▲	収穫	収穫	収穫				

●種まき　▲植えつけ　■収穫

発芽適温 25～30度

生育適温 20～30度

コンテナの大きさ 大

※本書では50cm×30cm×深さ25cmの容器に2株

1 種まき

ポットにまき暖かい環境で育てる

トマトの種

種はポットに2粒まいて水やりし、暖かい環境で育《いく》苗《びょう》する（P196）。

双葉が出たら、元気なほうを残して1本にして育苗。引き続き暖かい場所で育てる。

2 植えつけ

一番花がついたら定植

①トマトの苗ははじめの花がつく頃に定植。市販の苗を買う場合は、茎がしっかりとして花がつきはじめたものを選ぶとよい。

②土に穴をあけ、ポットをはずして苗をそのまま植える。手で根元の土をおさえる。

③2株を植える場合は、株間を25～30cmくらいとるようにする。

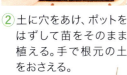

3 支柱立て・誘引

成長に合わせて誘引する

株の前後に2本支柱を立て、上で交差させ結び、横にも支柱をわたして固定してもよい。

①支柱を立てて、ヒモを8の字にかけて茎と支柱とを結ぶ。

②主枝がのびてきたら、さらに上のほうを支柱と結んで倒れないようにする。

4 わき芽かき・摘《てき》芯《しん》

こまめにわき芽をかく

わき芽は全部かく。下から5つ目の実(花)の上で摘芯する。

③花が5～6房ついて支柱の先までのびたら、主茎の先端を切る。株の成長がとまり、大きな実を育てることができる。

②初夏のうちに切ったわき芽は、ポットにさして苗にすれば、収穫まで育てることもできる。

①主枝と葉の間からわき芽が出るので、すべてとって1本仕立てにする。切り口がすぐ乾くように、晴れた日の午前中にわき芽かきをするとよい。

POINT 追肥・増し土

実がつきはじめた頃、鶏糞かぼかし肥、液肥などを、株まわりに追肥し、土を足して増し土するとよい(P204)。

トマトの花は雌しべと雄しべがあり、それぞれの花で自家受粉する。ベランダなど虫が少ない場所では、人工授粉をすると実が確実につく。花をゆらすように軽くたたくとよい。

5 人工授粉

花を手で軽くさわる

いろいろなトマト

サンマルツァーノ

イタリアの固定種で、トマトソースなどの加工用だが、生でもおいしい。

グリーンゼブラ

緑色のまま完熟するトマトで、さわやかな酸味が特長。サラダや加熱用に。

6 収穫

赤く熟したものから収穫する

① 花のあと、ひとつひとつに実がついてくる。

② 赤く熟したら、ひとつずつハサミで切って収穫。

すずなりにかわいい実がつく夏野菜の代表選手

トマト（ミニトマト）

ナス科

家庭菜園で人気のミニトマトは、サンチェリー250（トキタ種苗）、ペペ・イエローピコ（タキイ種苗）、アイコ・キャロルシリーズ・ミニキャロル（サカタのタネ）など品種も豊富。実が黄色やオレンジの品種もあります。

苗は4月下旬から6月上旬頃まで出回るので、茎がしっかりして葉がきれいなものを選びましょう。収穫量のアップにはわき芽かき、人工授粉、摘芯など、生育に応じた手入れが重要です。

栽培のポイント

- 日当たりのよい場所で、水はけのよい土で育てよう。
- トマトと同じように草丈が高くなるので、しっかりとした支柱が必要。
- ベランダでは打ち水などをして、夜の気温を下げると実つきがよくなる。

栽培難易度　ふつう

日当たり　十分な日照が必要

栽培カレンダー（関東基準）

	1	2	3	4	5	6	7	8	9	10	11	12
種まき			●									
植えつけ					▲							
収穫						━	━	━	━	━		

●種まき　▲植えつけ　━収穫

発芽適温　25～30度

生育適温　20～30度

コンテナの大きさ　大

※本書では50cm×30cm×深さ25cm の容器に2株

1 植えつけ

一番花が咲いた頃が植えつけの適期

①ミニトマトの苗。最初の花がついた頃に定植する。

②ポットをはずし、そのままコンテナに定植。たっぷり水をやる。

③コンテナに定植したところ。2株植えるなら25～30cmくらい株間をとる。

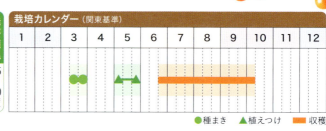

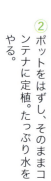

2 支柱立て・誘引

成長に合わせて誘引する

①トマト1本に対して、1本の支柱を立てる。

②ヒモを8の字にかけて主枝と支柱とを結ぶ。

③主枝がのびてきたら、さらに支柱と結んで倒れないようにする。

3 わき芽かき

こまめにわき芽をかく

主枝の葉のつけ根から、次々とわき芽が出てくる。わき芽はすべてかいて、主枝を充実させると実つきもよくなる。わき芽は切り口がすぐ乾くように、晴れた日の午前中にすること。

POINT 人工授粉

ベランダなどでは、人工授粉をすると収穫量がアップする。花を軽く手でたたいて花粉を飛散、授粉させる。

4 追肥

実がついてきたら追肥しよう

花が枯れたあとに実がつき、次第に大きくなってくる。この頃、1回目の追肥として液肥をまき、その後も収穫が終わるまでは2週間に一度まく。

5 摘《てき》芯《しん》

支柱の先までのびたら摘芯する

花房が5個ついたところ。花房が5～6房までついたら、株全体の成長をとめて実に栄養を行き渡らせるために、主枝の先端を摘芯する。

6 収穫

赤く熟したものから収穫する

①実が熟すのを待ち、赤くなっている実だけをハサミで切って収穫。熟しすぎると実が割れるので、1個ずつ適期にとるとよい。

②収穫した実は、ほかの実を傷つけないようにヘタに残った茎をぎりぎりまで落とすとよい。

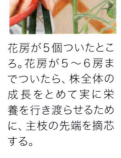

ナス

ナス科

ひと手間かければ、長期間の収穫も可能

インドから中国を経て伝わったとされるナスは、家庭菜園でも人気が高く、苗も手軽に手に入ります。種から育てる場合は、ポットにまいて暖かい環境で育てましょう。実つきをよくするには十分な日照が欠かせません。

品種は、有機でも栽培しやすい千両二号（タキイ種苗）、紫御前（自然農法国際研究開発センター）、黒陽（タキイ種苗）のほか、泉州絹皮水ナス（サカタのタネ）、小五郎（タキイ種苗）など。

栽培のポイント

■日当たりのよい場所で、十分に水やりをしながら育てる。
■肥料好きなので、定期的に液肥などを追肥するとよい。

栽培難易度　ふつう

日当たり　十分な日照が必要

栽培カレンダー（関東基準）

	1	2	3	4	5	6	7	8	9	10	11	12
種まき		●	●									
植えつけ					▲							
収穫							■	■	■	■		

●種まき　▲植えつけ　■収穫

発芽適温　30度（日中）・20度（夜間）

生育適温　25～30度

コンテナの大きさ　大

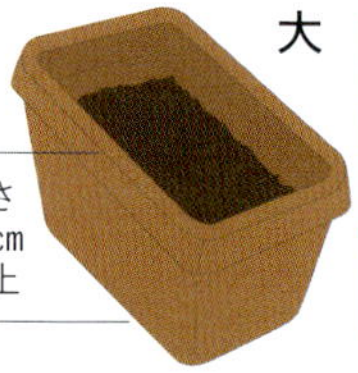

※本書では50cm×30cm×深さ25cmの容器に2株

1 種まき

暖かい場所で苗を育てる

①ナスの種は、ポットに2、3粒ずつまき、暖かい環境で育苗する（P196）。

ナスの種

②本葉2、3枚の頃、元気な1本を残して間引き、引き続き、育苗する。

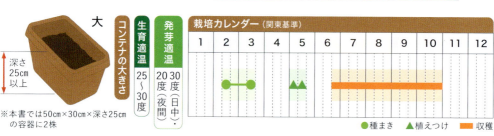

2 植えつけ

コンテナに定植する

①本葉が5、6枚の頃、苗を定植する。写真は千両二号（上）、水ナス（下）の苗。苗の見た目はあまり変わらない。

②苗をポットから出し、そのままコンテナに定植。

③株間は20㎝程度あけるとよい。

3 わき芽かき・支柱立て

2本仕立てにして、支柱を立てる

①ナスは2本か3本仕立てにすることが多いが、ここでは2本仕立てを紹介。最初の花のすぐ下のわき芽を残す2本仕立てにするので、それ以外のわき芽はすべてかく。

②株のわきに支柱を1本立て、下のほうで主枝と支柱を8の字に結ぶ。

③主枝とわき芽1本を残し、支柱を立てた状態。

主枝とわき芽2本を残して3本仕立てにしてもよい。

4 追肥

2週間に一度追肥をする

① 花が咲き、はじめの実がついた頃から2週間に一度、追肥。液肥、または鶏糞、ぼかし肥をひとつかみ株元に与える。

② 花を見て、中央の雌しべが雄しべよりも長く出ていれば肥料は足りている。雌しべが短くて見えないときは、肥料切れなので追肥をするとよい。

ナスの病害虫

ナスにつきやすい害虫は、アブラムシやニジュウヤホシテントウなど。見つけたら手でとりのぞく。病気では、うどんこ病が出やすいので、日当たりがよく、風通しがよい場所にコンテナをおいて予防する。

実を食害する
タバコガの
幼虫

実についた
カメムシ

ナスの
葉についた
ニジュウヤホシ
テントウと
食害のあと

5 収穫

やや小さいくらいで収穫する

①収穫の適期を過ぎると皮が硬くなるので、家庭菜園では小ぶりのうちに収穫するとよい。

②ハサミで切って、収穫。水ナスはやや丸いタイプ（右）。千両二号は長ナス（左）。

6 更《こう》新《しん》剪《せん》定《てい》

株を一度切りつめ、秋ナスを収穫

①7月下旬から8月上旬に株が弱ってきたら、実をすべてとり、葉を2、3枚残して枝の3分の1の長さまで剪定する。

②剪定した株のまわりに移植ゴテを入れ、根を切る。

③根切りしたあたりに、ひとつかみの肥料をまいて、増し土をしておく。この更新剪定により、再び株が育ち、秋ナスを収穫できる。

④剪定した3週間後。新たに株が大きくなり、花と実がついている。

⑤新たな実が秋まで収穫できる。

追肥して育てれば、たくさんの実が収穫できる

ピーマン

ナス科

中央・南アメリカ原産で、インドに伝わってからトウガラシなどに分化し、いまでは辛みのない大きな品種をピーマンと呼んでいます。暑さに強い夏野菜なので、日照がよい場所で育てるのがおすすめ。コンテナ定植後は、追肥をしながら育てます。

有機栽培におすすめなのは、あきの・翠玉二号（サカタのタネ）、京ひかり（タキイ種苗）などです。

栽培のポイント

- 支柱を立て、実の重みで倒れないように育てる。
- 肥料好きなので、定期的に追肥すること。
- 種から育てるなら、ポットまきして暖かい場所で育苗する（P196）。

栽培難易度：ふつう

日当たり：十分な日照が必要

栽培カレンダー（関東基準）

1	2	3	4	5	6	7	8	9	10	11	12
				▲▲	■	■	■	■	■		

▲植えつけ　■収穫

発芽適温 25～30度

生育適温 20～30度

コンテナの大きさ 大

※本書では30cm×30cm×深さ25cmの容器に1株

1 植えつけ

本葉6～8枚で定植

①ピーマンの苗は、本葉6～8枚が植えつけの適期。種から育てるときはカラーピーマン（P66）を参照。

②植える穴を掘る。

▼

③苗をポットから出す。

▼

④根をくずさずに、そのまま植えつけ、たっぷり水やりをする。

Part 1
実野菜・マメ類
ピーマン

2 支柱立て・追肥

3本を組んで支える

①草丈が30㎝近くになったら、株のまわりに3本の支柱を立てて上を結んで固定。主枝はヒモで8の字に支柱に誘引する。

②花がつきはじめたら、2週間に一度、ぼかし肥か鶏糞をひとつかみまく。

3 整《せい》枝《し》

わき芽をかいて3本仕立てに

①花のあとに実がつく。最初の実を大きくすると株が弱るので、小さいうちにとること。

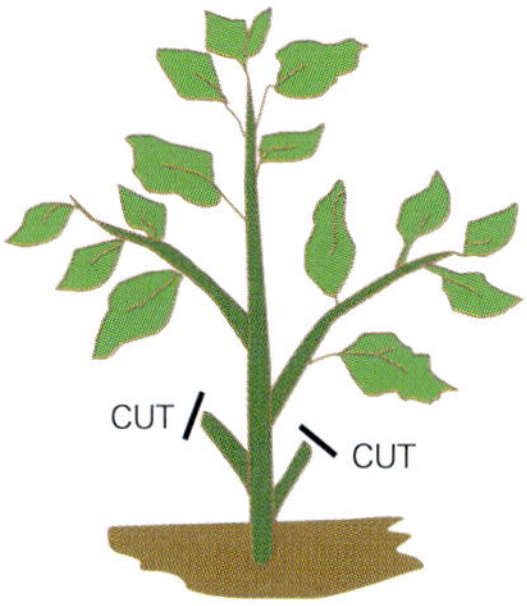

②最初の実をチェックし、その下のわき芽をいきおいのある2本を残してかく。これで主枝とわき芽2本の3本仕立てになる。

4 収穫

早めに収穫しよう

①開花から15～20日後が、収穫の適期。

②十分に大きくなったものから、切って収穫する。

ピーマンの害虫

夏は、アブラムシやカメムシ、タバコガなどの害虫がつきやすいので注意。見つけたらすぐにとりのぞく。

ホオズキカメムシの卵と幼虫

ホオズキカメムシの成虫

カラフルなピーマンは甘さと美しさが魅力！

カラーピーマン

ナス科

赤や黄、オレンジ色の鮮やかな実がなるカラーピーマンは、肉厚で甘みがあるのが特長です。栽培方法はピーマンと同じで、真夏をピークに多くの実が収穫できます。美しい実は観賞用にもなるので、コンテナ菜園におすすめです。

品種は、フルーピーレッドEX・フルーピーイエロー（タキイ種苗）など。

栽培のポイント

- 支柱を立て、株を支えて育てる。
- 肥料好きなので、定期的に追肥をする。

栽培難易度　ふつう

日当たり　十分な日照が必要

栽培カレンダー（関東基準）

1	2	3	4	5	6	7	8	9	10	11	12
	●種まき	●種まき		▲植えつけ		■収穫	■収穫	■収穫	■収穫		

●種まき　▲植えつけ　■収穫

発芽適温　25〜30度

生育適温　20〜30度

コンテナの大きさ　大

※本書では50cm×30cm×深さ25cm の容器に2株

1 植えつけ

春にコンテナに定植

①カラーピーマンの苗。

②植え穴を掘り、ポットから出して根をくずさずに植えつけ、水やりをする。

③2株以上入れるなら、株間を20cm以上あける。

種まきして育てる場合

種まきの時期は2〜3月頃。カラーピーマンの種は、ポットに2、3粒ずつまき、元気のよい1株を残して育てます。植えつけまで、暖かい環境で育てましょう（P196）。

2 追肥

2週間に一度の追肥

植えつけ後、花がつきはじめたら、2週間に一度、ぼかし肥か鶏糞をひとつかみまく。

3 支柱立て

主枝に支柱を立てる

草丈30㎝くらいになったら、株のわきに支柱を1本立てヒモで8の字に結ぶ。ピーマンと同様にわき芽をつみ、主枝と側枝2本を残す3本仕立てにしてもよい。

4 整《せい》枝《し》

枝をヒモで支える

枝が実の重みで下がってきたら、横の支柱を渡し、枝と支柱をヒモで結んで支えるとよい。

5 収穫

緑の実が色づいたら収穫

①まず緑の実がつく。花が咲いても実がつかないときは、受粉不足や栄養不足なので追肥を。完熟するまでは、あまり雨に当てないほうがよい。

②緑の実が完熟するにつれて赤や黄色に色づく。完熟してから切って収穫する。

あっさりとして素朴な甘みを楽しむ

マクワウリ

ウリ科

プリンスメロンやアンデスメロンの交配の元になっていることから、「メロンの元祖」と呼ばれます。あっさりとしたさわやかな甘みが特徴で、冷やしてそのまま食べるのがおすすめ。淡い黄色に縞模様が入り、長さ約15cm、重さ200～300g程度の実がなります。

甘露まくわ瓜や奈良一号まくわ瓜、網干《あぼし》メロン（野口種苗）など、いろいろな品種があります。

栽培のポイント

- ■支柱を立てて空中栽培する。
- ■孫づるに実がつくので、タイミングよく親づる、子づるの摘芯をして実つきをよくする。
- ■ウリ科の生育を助け、土壌の病気を予防するネギと一緒に植えてもよい（P144）。

栽培難易度　ふつう

日当たり　十分な日照が必要

栽培カレンダー（関東基準）

1	2	3	4	5	6	7	8	9	10	11	12
					▲		■				

▲植えつけ　■収穫

発芽適温　15度以上（25～30度が最適）

生育適温　25～30度

コンテナの大きさ　大

※本書では32cm×50cm×深さ27cmの容器に1株

1 植えつけ

十分暖かくなったら定植

①マクワウリの苗。ポットから根を崩さないように苗を出し、コンテナに植え穴を掘って植えつける。

②株の周囲に支柱を立て、つるを支柱に誘引して結ぶ。以後、成長するたびに誘引して支柱に結ぶ。

育苗するとき

①ポットに2～3粒ずつまく。

②元気がいい苗を1本にして育てる。

POINT 摘芯《てきしん》

親づるは、葉5～6枚で先端を摘芯。子づるは2～3本残し、本葉12枚で摘芯し、孫づるを伸ばす。実は孫づるによくつく。

2 開花・結実

雌花は花の根元にふくらみがある

①雌花（上）と雄花（下）。雌花にはガク部分に丸いふくらみがある。

②受粉後、実が徐々に大きくなってくる。

3 収穫

完熟したものから順次、収穫する

開花後40～45日、実が黄色っぽくなり、甘い香りがしてきたら収穫の適期。

POINT 収穫の適期

しっかり完熟したものを収穫。追熟させる必要はなく、貯蔵性は低いので収穫後は早めに食べよう。

マクワウリの病害虫

ウリハムシがつきやすい。幼虫は根を、成虫は葉を食害する。動きが鈍い朝に手で取るとよい。

いろいろなマクワウリ

自家採種しやすいので、好みの模様を選別して種とりしていくと、いろいろなタイプになっていく。

茹でても炒ってもおいしい

ラッカセイ

マメ科

ラッカセイの最大の特徴は、花後できる子房柄が伸びて、地中に潜り込み、実をつけること。地中で実が生まれることから、「落花生」という名がつきました。

収穫はさやがおおむね肥大した頃に行います。40～50分塩茹でですると、茹でピーナッツとして楽しめます。殻から出して炒ったり、低温で4～5分揚げるのもおすすめ。

品種は千葉半立ち落花生（サカタのタネ）など。

栽培のポイント

- ■肥料過多になると葉ばかり茂って実がつきにくくなるので、元肥は入れずに植えつけする。
- ■種まき後、鳥害を防ぐために、防虫ネットをかけておくと効果的。

コンテナの大きさ 大

子房柄が土中に潜るので、できるだけ大きく深いコンテナを使う。
※本書では32cm×50cm×深さ27cmの容器に2株

生育適温 15～25度

発芽適温 20度前後

栽培カレンダー（関東基準）

	1	2	3	4	5	6	7	8	9	10	11	12
種まき					●	●						
収穫									■	■		

●種まき　■収穫

栽培難易度 やさしい

日当たり 十分な日照が必要

1 種まき

2～3粒ずつ種まきする

ラッカセイの種マメ

① 2か所に植えつけする。1か所に2～3粒ずつ点まきする。

② 指で2cmほど押し込む。

③ 覆土して鎮圧（P219）し、たっぷり水やりする。

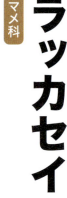

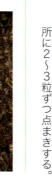

2 間引き

根元からハサミで切る

本葉が4、5枚になったら1か所につき1本ずつ残して間引く。

3 中耕・土寄せ

子房柄をチェック

草丈が30㎝くらいになったころ、株の周りを中耕し土寄せする。

POINT 子房柄

花後、子房柄というヒモのようなものが伸びて、土中に潜り、実ができる。中耕と土寄せすることで、子房柄が土中に潜りやすくなる。

4 増し土

子房柄を土に潜らせる

子房柄が土に潜れずに浮き上がってきたら増し土を。子房柄を埋めるように土を入れ、以後、成長に合わせて増し土する。

5 収穫

土を掘ってさやを確認

①9月以降に収穫をする。

②子房柄の先をさぐって試し掘りし、さやが十分ふくらみ網目がはっきり出ていれば、収穫する。

コンパニオンプランツで病害虫を防ごう①

●バジルの香りで害虫を忌避

異なる種類の野菜をいっしょに栽培することで、成長を助けたり、病害虫を防いだりする植物をコンパニオンプランツ（共生植物）といいます。

バジルは、夏の定番野菜であるトマトのコンパニオンプランツ。バジル特有の香りが、トマトにつく害虫を予防する効果があります。トマトの株間に植えることで半日陰の環境になるため、バジルの葉がやわらかくなるという利点も。

また、トマトをはじめナス科の野菜と、ニラの組み合わせは、萎ちょう病などの病気を予防する効果があるといわれます。植えつけの際に、ニラの根をからめて同じ植え穴に植えると効果的です。

トマトはセージとの相性もよい。

トマトの株間にバジルの苗を植える。

農薬に頼らずに効果的に害虫を減らそう。

■コンパニオンプランツの例

野菜の品種	コンパニオンプランツ	期待できるおもな効果
アブラナ科の野菜（キャベツ・コマツナ・チンゲンサイ・カリフラワー・ハクサイ・ブロッコリー・ノラボウナ・ダイコン・カブなど）	キク科の野菜（レタス・シュンギクなど）	害虫（アオムシ、ヨトウムシ、コナガなど）を予防
イチゴ	ボリジ	天敵を呼ぶ、ミツバチがくるので受粉を助け、よい実がなる
ウリ科の野菜（カボチャ・キュウリ・スイカ・ゴーヤー・ヘチマ・マクワウリなど）	ネギ科の野菜（ネギ、ニラなど）	ウリ科の野菜の病気と害虫を予防
トウモロコシ	マメ科（エダマメなど）	害虫（アワノメイガ）を予防
ナス科の野菜（トマト・ナスなど）	ニラ・ラッカセイ・ソルゴー	ニラは萎ちょう病を予防、ラッカセイは発育を助ける、ソルゴーを周囲に植えることで害虫を予防
ニンジン	エダマメ	お互いの害虫（キアゲハ、カメムシなど）を予防
ピーマン	つるなしインゲン	お互いの害虫を予防する
ホウレンソウ	葉ネギ	害虫の予防、萎ちょう病の予防、硝酸態チッソを減らす
ラディッシュ	バジル	お互いの病害虫を予防

Part
2

コンテナで
葉・茎野菜

やわらかくてほろ苦い、栄養豊富な山菜

アシタバ

セリ科

セリ科の多年草で、原産は日本。関東以西の太平洋沿岸地域に自生する山菜の一種です。β-カロテンをはじめ、ビタミンB類、C、ミネラルなどが豊富に含まれ、健康野菜として知られています。

生育は旺盛で、葉を摘むと翌日には新しい葉が成長することが「明日葉」の名の由来。一度植えると数年間は収穫可能。おひたしをはじめ、ゴマ和えや天ぷらなど、幅広い料理に。

品種はあしたば(タキイ種苗)など。

栽培のポイント

- 暑さと乾燥、夏の直射日光には弱い。夏は半日陰で風通しの良い場所で管理する。
- 寒冷地で冬越しさせる場合は、不織布などで覆い、強い寒さを避ける。

栽培難易度 やさしい

日当たり 半日陰でも育つ

栽培カレンダー(関東基準)

	1	2	3	4	5	6	7	8	9	10	11	12
植えつけ				▲	━	▲						
収穫									■	■	■	

▲植えつけ ■収穫

発芽適温 10~15度

生育適温 15~20度

コンテナの大きさ 中

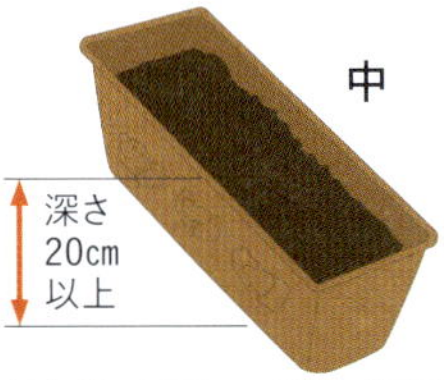

※本書では21cm×48cm×深さ20cmの容器に2株

1 植えつけ

根を傷つけないように苗を植える

① アシタバの苗。

② 苗を逆さにし、やさしくポットをはずす。

③ 根を崩さずにそのまま植える。

④ 株間を約20cmあけ、2株植える。植えつけ後、十分に水やりする。

アシタバの害虫

害虫は少ないが、キアゲハの幼虫がつくことがある。見つけ次第、とりのぞく。

POINT 追肥

最盛期となる春と秋にそれぞれ数回、鶏糞やなたね粕を株から離して追肥する。真夏の施肥は避ける。

2 収穫

使いたいときにその都度、葉を収穫する

①植えつけから2週間後の状態。

②株が成長し、新しい葉が増えてきたら収穫スタート。

③開きかけ、もしくは開いたばかりの新しい葉をハサミで切って収穫。古い茎葉はつねに2本以上残しておく。

POINT 冬期は休眠する

晩秋から初春は葉を落とし、休眠期に入る。その間は追肥などの世話は必要ないが、完全に水が乾かないように、ときどき水やりして、春に新芽が出るのを待とう。

Q 茎から黄色い汁が出ました

A アシタバの葉や軸を切ると、カルコンという黄色い液体がにじみ出てくる。カルコンはポリフェノールの一種で、抗菌作用や抗酸化作用があるといわれ、食べても問題ない。

葉をつみ、焼き肉などの肉料理にそえて！

エゴマ

シソ科

一年草のシソ科植物で原産地は東南アジア。シソの葉に似ていますが、葉が厚くやや苦みがあるのが特長です。

種子からとるエゴマ油には、必須脂肪酸のひとつで血液をサラサラにする効果があるα-リノレン酸が豊富に含まれ、健康食材としても注目されています。焼き肉やキムチ、ニンニクのしょうゆ漬けなどに。

まきどきは3～7月頃まで品種によりちがいます。

栽培のポイント

- 湿気を好み、日当たりがあまりよくない場所でも育つので、コンテナでも簡単に栽培できる。
- 大きめのコンテナで育てれば、1株でも十分大きく、多くの葉が収穫できる。

栽培難易度 やさしい

日当たり 半日陰でも育つ

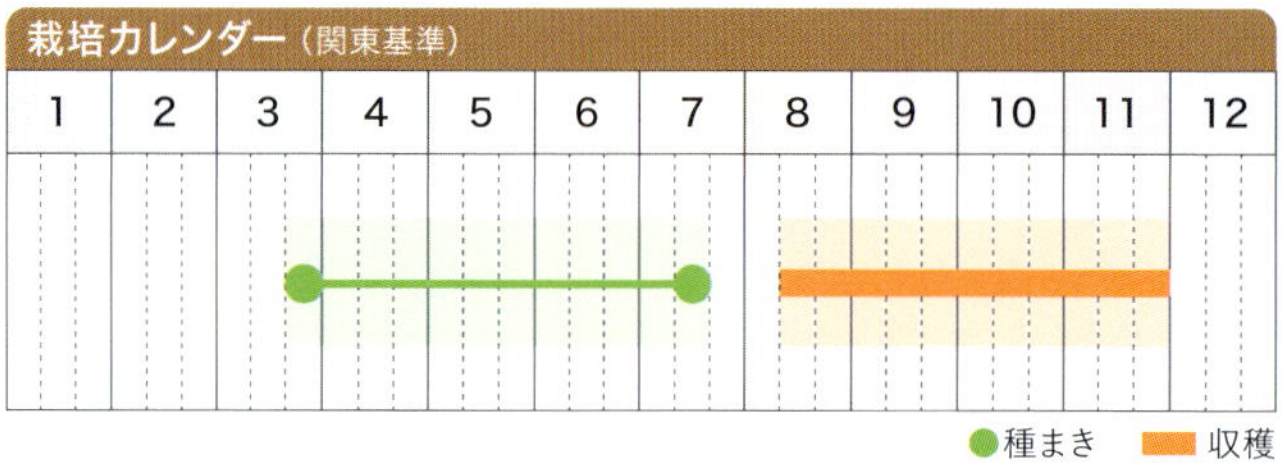

発芽適温 23～25度

生育適温 20～25度

コンテナの大きさ 中

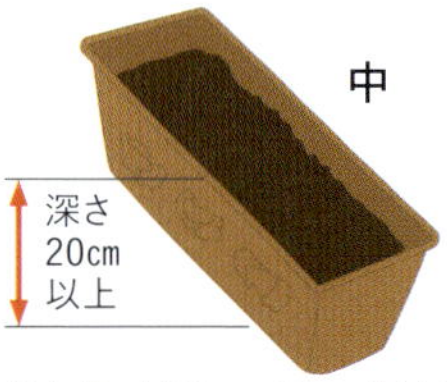

※本書では55cm×20cm×深さ25cmの容器に3株

1 種まき

コンテナに直《じか》まきする

①コンテナの中央に深さ1cmのまきみぞをつけ、1、2cm間隔ですじまき。

②指先で軽く土をかけ、手でおさえて鎮圧（P219）する。4、5日で発芽するので、土が乾かないよう半日陰において水やりする。

エゴマの種

2 間引き・増し土

葉が重ならないように間引く

①芽が出そろってきたところで、芽が重ならない程度に間引く。

②葉が混んできたところで、2回目の間引きをする。

③成長を見て3回目の間引き。ほかの根を傷つけないように、まわりの根元をおさえながら間引く。

④最終的に3本を残して間引いたところ。残す株の数はコンテナの大きさで決めるとよい。エゴマは追肥の必要はない。

⑤間引きしたあとは、周囲を中耕し、根元が出ないように新たな土を入れて増し土をするとよい(P204)。

3 収穫

葉をつみとって収穫する

株の下のほうから、厚みがあってやわらかい葉を選び、1枚ずつハサミで切って収穫する。

エゴマの害虫

ベニフキノメイガの幼虫は、シソやエゴマの葉を折り曲げて食害する。見つけたら捕殺しよう。

種をとる

秋までそのまま育てれば、花が咲いたあとに黒く熟した種をとることができます。刈りとって乾燥させ、殻をとって冷暗所で保存しましょう。

エゴマの花穂

ぬめりのある独特の食感がおいしい!

オカノリ

アオイ科

カルシウム、ビタミンCが豊富な葉野菜で、加熱するとぬめりが出ることからこの名前がついています。若い葉をつみ、おひたしや天ぷら、みそ汁などで食べるとよいでしょう。
暑さに強く、春から夏まで長期間植えられて栽培も簡単なので、家庭菜園初心者にも手軽につくれます。種を多めにまいて、間引きしながら株を大きくしていくのがポイント。品種はひとつです。葉が硬くなる前にどんどん収穫しましょう。

栽培のポイント

- ■暑さ、寒さに強く、長期間の栽培が可能。コンテナでも育てやすい。
- ■種は多めにまき、間引きながら育てて大きな株を育てるようにする。

栽培難易度 やさしい

日当たり 1日5時間以上

栽培カレンダー(関東基準)

	1	2	3	4	5	6	7	8	9	10	11	12
●種まき				●	―	―	―	―	●			
■収穫						■	■	■	■	■	■	

発芽適温 15~25度

生育適温 20~25度

コンテナの大きさ

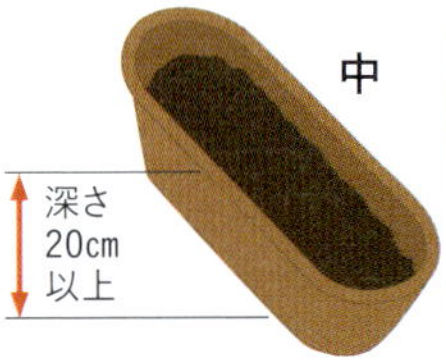

※本書では55cm×20cm×深さ20cmの容器で、間引き後は3株。

1 種まき

コンテナに直《じか》まきで、種を多めにまく

オカノリの種

①コンテナの中央に深さ1cmのまきみぞをつけ、5mm間隔くらいで、すじまきする。

▼

②土を寄せて覆土し、手で鎮圧(P219)。

POINT 追肥

本葉4、5枚の頃、株の周囲を軽く中耕(P204)し、ぼかし肥や鶏糞を株間に追肥する。株がのびているようなら土寄せや増し土(P204)をしよう。

2 間引き・摘《てき》芯《しん》

3回くらい間引いて株を大きく育てる

①2週間ほどで双葉がでそろったら1回目の間引き。葉が重ならない程度に間引く。

②本葉が出てから、2回目の間引き。小さい株を抜く。

③株が混み入っているときは、残す株の根元をおさえながら間引くのがコツ。

④3回目の間引き。生育を見ながら、混んでいるところを間引く。

⑤高さ25㎝くらいで摘芯し、側枝をのばすとよい。ひょろひょろとのびてしまった場合も摘芯する。

3 収穫

葉がやわらかいうちにつみとる

①株が混んでいるところは、間引きをかねて随時、収穫する。

②葉が大きくなったら、1枚ずつ収穫。1、2か月は葉をつんで収穫できる。ときどき追肥するとよい。

③花が咲くと、そろそろ収穫も終わりの時期。

海岸の砂地に自生する栄養たっぷりの「陸の海藻」

オカヒジキ

ヒユ科

水はけのよい土で、間引いて株間をとり、風通しよくしておけば簡単に栽培できます。シャキシャキとした食感が特長。若い芽をつんで熱湯でさっとゆで、おひたしや辛子あえなどにするのがおすすめです。β-カロテン、ビタミンC、カルシウムなどのミネラル類など栄養も豊富。

品種はひとつで、一年草です。見た目が海藻のヒジキに似ていることからこの名前がつきました。

栽培のポイント

- ■生育期間が短く、コンテナでも手軽に栽培できる。
- ■間引いて株数を少なくするほど、大きく茂る。

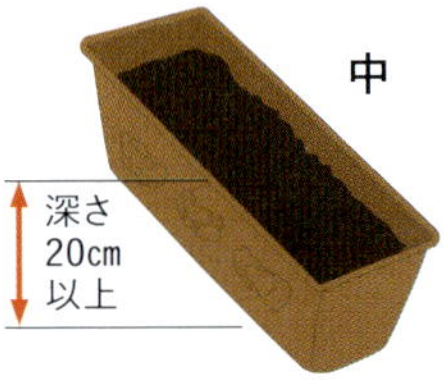

中
深さ20cm以上

コンテナの大きさ

※本書では55cm×20cm×深さ25cmの容器で中央に1列

生育適温 15〜25度

発芽適温 20〜25度

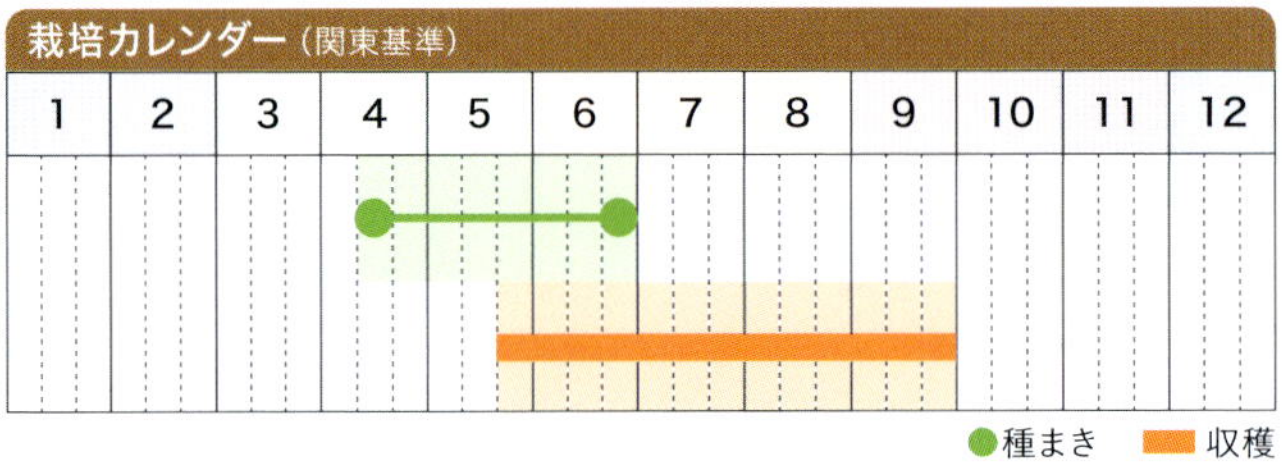

栽培カレンダー（関東基準）
1
2
3
4
5
6
7
8
9
10
11
12
●種まき
収穫

栽培難易度 やさしい

日当たり 十分な日照が必要

1 種まき

種は浸水させておこう

①中央に深さ1cmのまきみぞをつけ、すじまきする。

②土を指で寄せてかぶせ、手でおして鎮圧し(P219)、たっぷり水やりをする。

オカヒジキの種

種はまく前にひと晩、水につけておくとよい。

2 間引き

2、3回に分けて間引いていく

①発芽したところで、葉が重ならないように1回目の間引きをする。

②本葉が出てきたら2回目の間引き。

③間引いたあとは、根元が出ているので増し土をする。

④株全体が大きくなってきたら、ときどき様子を見てさらに間引きをするとよい。

⑤間引き後は、株の根元が出ないように増し土をする。

⑥最終的に4株を残したところ。

3 収穫

やわらかい若芽の部分を収穫

①間引きをかねて、株ごと収穫してもOK。

②成長したら、先端15cmくらいを収穫する。

POINT 追肥

収穫後、株のまわりを中耕（P204）し、ぼかし肥か鶏糞をひとつかみ追肥しておく。すると再び葉が茂り、2、3回収穫できる。

グリーンカーテンにも向く健康野菜

オカワカメ

ツルムラサキ科

熱帯アメリカや熱帯アジア原産のつる性の多年草で、葉や若いつる部分を収穫します。日本には中国から薬草として伝えられ、別名「雲南百薬《うんなんひゃくやく》」。アカザカズラの名もあるが、ハート型をした厚みのある葉を加熱するとぬめりが出て、ワカメのようになることからオカワカメの名がつきました。ミネラル類や葉酸、β-カロテンを豊富に含んでいます。

支柱を立てて管理しますが、ネットを張ればグリーンカーテンにすることもできます。品種はひとつです。

栽培のポイント

- 成長が早くて性質は強健。病害虫も少ないので、初心者にも育てやすい。
- 暑さには強いが、耐寒性はあまりない。冬は地上部が枯れるが、暖地であれば越冬可能。

栽培難易度 やさしい

日当たり 十分な日照が必要

栽培カレンダー（関東基準）

	1	2	3	4	5	6	7	8	9	10	11	12
植えつけ					▲							
収穫						━	━	━	━	━		

▲植えつけ　■収穫

発芽適温 25度（さし芽で増やす）

生育適温 20～25度

コンテナの大きさ 大

深さ25cm以上

※本書では32cm×50cm×深さ27cmの容器に2株

1 植えつけ

春に苗を植えつける

①オカワカメの苗。

②苗を逆さにし、やさしくポットをはずす。

③根を崩さずにそのまま植える。

④手で株のまわりをおさえて、安定させる。

⑤株間を20cm程度あけて、2株目を植える。植えつけ後、十分に水やりする。

2 支柱を立てる

自然に巻きつくが誘引するとよい

①つるがのびてきたら株の周囲に支柱を立て、つるを支柱に誘引して結ぶ。

②以後、成長するたびに誘引して支柱に結ぶ。茎の先端を摘心すると、下からわき芽が増えてくる。

オカワカメのふやし方

挿し芽やムカゴ（葉の根元が肥大化したもの）で殖やせます。挿し芽の場合は、つるの先端を5～6㎝切り取り、土や水に挿して発根させます。発根適温は25度程度です。秋に葉腋につくムカゴは、霜が降りる前に収穫して袋に入れ、暗いところで保管。翌年の5月頃に土の上に置いて発芽させます。

POINT 追肥

葉色が薄くなったら、鶏糞やぼかし肥などをひとつかみ株元に追肥する。

3 収穫

使いたいときに葉を収穫

①葉が7～8㎝大になったら、順次収穫する。

②秋になると開花。

③葉腋につくムカゴ。ムカゴや球根は食用可。

POINT 冬越し

オカワカメの耐寒温度は2～5度。冬は地上部が枯れるが、関西以西では株元に土を盛れば、冬越し可能。寒冷地では凍結しないよう、球根を掘り上げて暗いところで保管し、春に再び植えつけよう。

辛みのある味が特徴の葉もの

カラシナ

アブラナ科

寒さに強く、初心者にもつくりやすい葉野菜。ピリッとした辛みがあり、切れ込みのある葉が特徴です。品種が豊富で、細い葉の「リアスからし菜」や、パセリのようにちぢれた葉が特徴の「ちりめん葉からし菜」(渡辺採種場)などがあり、緑種と紫種がある。

ビタミンCをはじめ、カルシウム、鉄分、リン、β-カロテンなどが含まれ栄養豊富。若い葉は生食でサラダなど、硬くなった葉は漬け物で楽しむのがおすすめ。

栽培のポイント

- 春まき、秋まきができるが、秋まきが育てやすい。春まきはアオムシなど、害虫がつきやすい。
- すじまきして、成長に合わせ、葉が重ならないように間引きして育てる。水切れに注意する。

栽培難易度 ふつう

日当たり 十分な日照が必要

栽培カレンダー(関東基準)

	1	2	3	4	5	6	7	8	9	10	11	12
春まき				●	●■	■						
秋まき								●	●	■	■	

●種まき ■収穫

発芽適温 15～20度

生育適温 15～20度

コンテナの大きさ 中

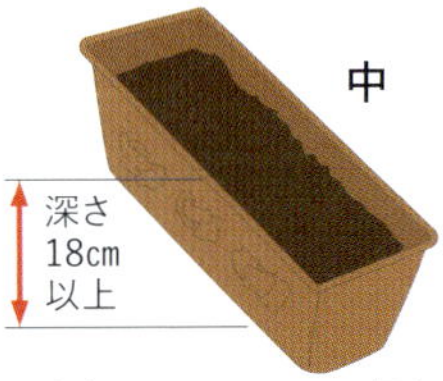

※本書では21cm×48cm×深さ18cmの容器に6株

1 種まき

カラシナの種

品種はゴールデンフリルとパープルフリル。

1～2cm間隔ですじまきする

① 深さ約1cmのまきみぞに、1、2cm間隔ですじまき。

② 指先で覆土し、鎮圧(P219)して水やりする。

2 間引き

間引きを兼ねて収穫

① 本葉が出たら1回目の間引き、その後2、3回、間引きする。

② 草丈10cmでぼかし肥または鶏糞を追肥し、中耕する。

3 収穫

ハサミで切るか株ごと抜いて収穫

① 株が大きくなってきたら随時収穫。

② 必要な分だけ葉を切れば、長期間収穫可能。

白い花蕾《からい》が美しいブロッコリーの仲間

カリフラワー（ミニカリフラワー）

アブラナ科

カリフラワーはブロッコリーが突然変異で白化したものといわれ、ブロッコリー同様に花蕾部分を食べます。アオムシ、ヨトウムシがつきやすいので害虫対策が重要。晩夏に出回る苗を植えつければ、害虫の被害も少なくなります。

種から育てるなら、ミニカリフラワーがおすすめ。美星（サカタのタネ）は、花蕾の直径が約10cmのミニ品種です。

栽培のポイント

■アオムシ、ヨトウムシがつきやすいので、まめにチェックして手でとるようにする。

■茎の下の部分が出てくるので、生育に合わせてときどき増し土をする。

栽培難易度　ふつう

日当たり　十分な日照が必要

栽培カレンダー（関東基準）

	1	2	3	4	5	6	7	8	9	10	11	12
種まき							●	●				
植えつけ								▲	▲			
収穫											■	■

●種まき　▲植えつけ　■収穫

発芽適温 20〜25度

生育適温 15〜20度

コンテナの大きさ 大

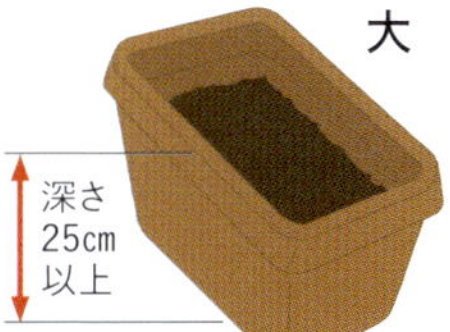

※本書では50cm×30cm×深さ25cmの容器に2株

1 種まきから収穫まで

直《じか》まきで多めにまいて間引く

カリフラワーの種（種子消毒あり）

①5粒ずつ点まき。約1週間後に発芽する。

②間引きながら、1か所1株にする。

③本葉4、5枚の頃、株元に追肥し、増し土（P204）する。

④小さな花蕾ができてきたところ。

⑤蕾の中央が盛り上がってきたら根元から切って収穫。

キャベツ（ミニキャベツ）

アブラナ科

春まき、秋まきで年中つくれる

ビタミンUが豊富で胃腸にやさしいキャベツ。アオムシがつきやすく、収穫まで時間がかかりますが、少ない株数で育てるコンテナ栽培なら手間もかけられます。ほうが害虫の被害は少なくてすみます。秋まきのコンテナではミニサイズの品種、このみ姫（タキイ種苗）などがおすすめ。普通サイズの金系201号・中早生二号（サカタのタネ）なども大きなコンテナを選べば有機栽培でもつくりやすいでしょう。

栽培のポイント

- 本葉が出てからは、アオムシのチェックを欠かさずに。不織布などでトンネルがけをしてもよい。
- コンテナが小さすぎるとキャベツが巻かないので、十分なスペースをとって栽培する。
- 苗からだと失敗せずにつくりやすい。

コンテナの大きさ：大
深さ25cm以上
※本書では50cm×30cm×深さ25cmの容器に2株

発芽適温 15～30度
生育適温 15～20度

栽培カレンダー（関東基準）
春まき / 秋まき / 翌年収穫
●種まき ▲植えつけ ■収穫

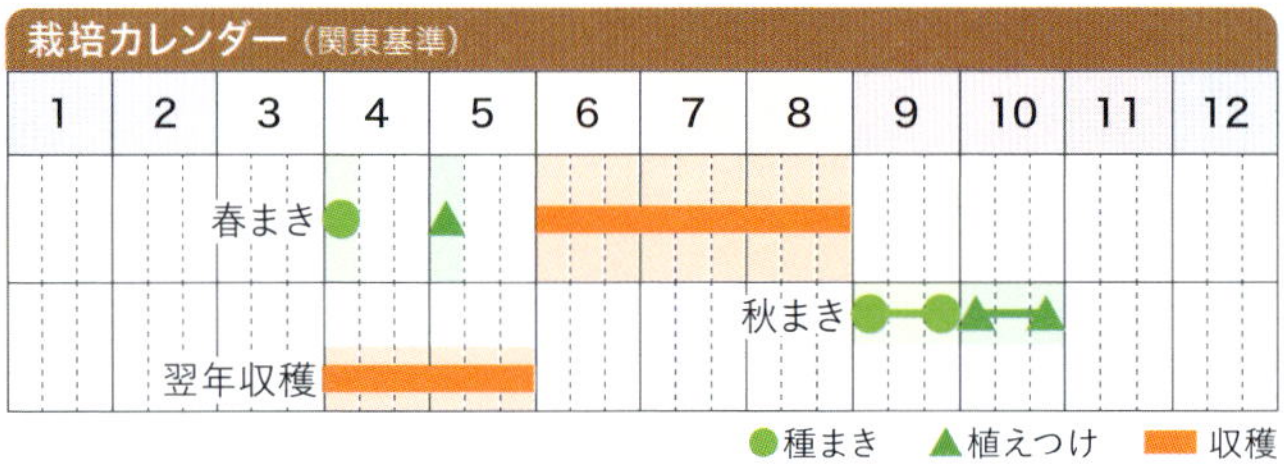

栽培難易度：ふつう

日当たり：十分な日照が必要

1 種まき

コンテナに多めに直まきする

キャベツの種

① 1か所に5粒ずつ直まきする。株間は20～25cm以上とる。

② 土をかけて、手でおさえる。発芽まで乾かないように水やりをする。

2 間引き・追肥

よい苗を残して間引く

①発芽したところで、葉が重ならないように1回目の間引きをする。

▼

②本葉が出てきたら2回目の間引き。

▼

③間引き後はぼかし肥や鶏糞を株間にひとつかみ追肥し、増し土（P204）する。

▼

④キャベツが巻きはじめた頃に、2回目の追肥をする。

3 収穫

結球して固くなったら収穫する

①品種によるが、種まきから約80 ～ 90日以上で収穫できる。キャベツがしっかり結球し、中が詰まって固くなってきたら収穫どき。

▼

②外葉1枚ぐらいを残し、片手でおさえながら切って収穫。

キャベツの害虫

アオムシ、ヨトウムシなどがつきやすいので、葉の裏や軸の部分をよく見て、こまめにとること。コンテナにトンネルをかければ（P186）、害虫の防止になる。

ポットで育苗

直まきしないで、ポットに種まきして育苗してもOK。ポット苗や市販の苗は、本葉5、6枚の頃、コンテナに植えつける。

中華やエスニック料理に炒めておいしい！

クウシンサイ（エンサイ）

ヒルガオ科

中国南部や東南アジア原産の葉野菜で、茎に空洞があることから「空心菜」と呼ばれています。高温多湿に強く日本の気候にも合い、虫もあまりつかないために栽培が簡単です。

収穫期にはわき芽が次々と出てきます。硬くならないうちに、葉先をどんどん収穫して食べましょう。

栽培のポイント

- 乾燥するとよくないので、まめに水やりをすること。
- 日差しに強いので、日当たりのよい場所で育てる。
- 収穫期が長いので、定期的に追肥をするとよい。

栽培難易度

やさしい

日当たり

十分な日照が必要

栽培カレンダー（関東基準）

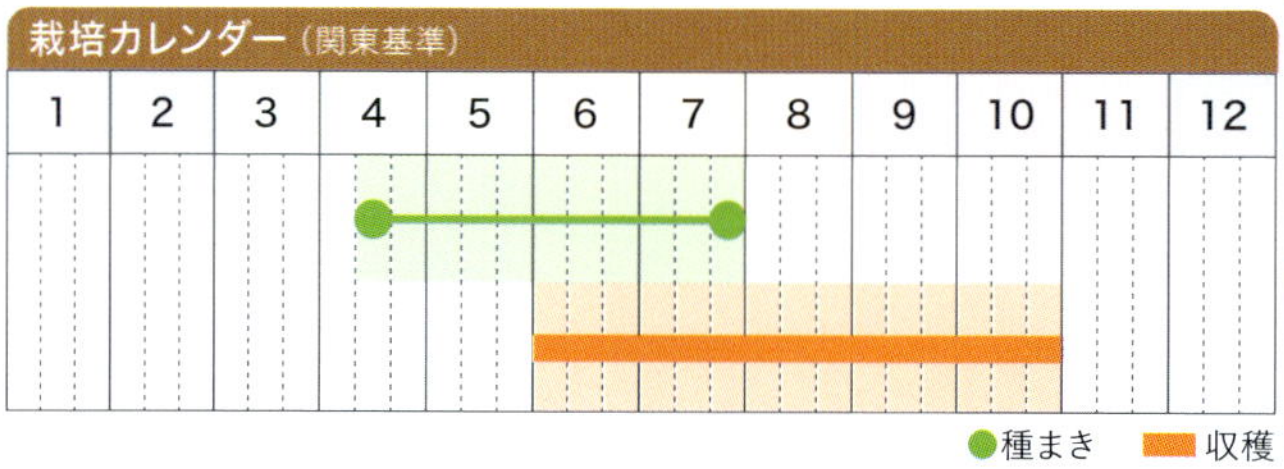

1
2
3
4
5
6
7
8
9
10
11
12
種まき
収穫

発芽適温 25～30度

生育適温 20～28度

コンテナの大きさ

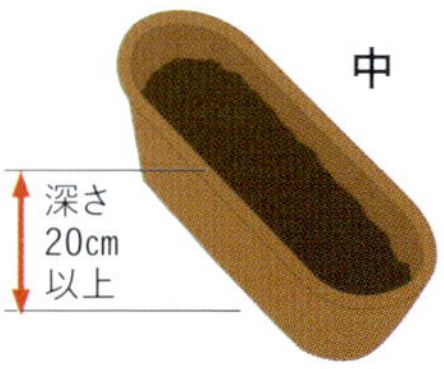

中
深さ20cm以上

※本書では55cm×20cm×深さ20cmの容器に株間20cmで2株を2か所

1 種まき

春から夏まで直《じか》まきできる

クウシンサイの種

種はまく前に一昼夜水につけておくと発芽しやすくなる。

① 1か所に5粒ずつ、20cmほど間隔をあけて直まきをする。

② 指先で土をかぶせ、手でおさえて鎮圧する（P219）。種が流れないようにジョウロでたっぷり水やりをする。

2 間引き

葉が重ならないように間引く

① 1週間程度で発芽する。

② 本葉4、5枚の頃、1か所に2本ずつになるように間引く。元気な株を残すようにする。

POINT 追肥

草丈15㎝くらいのとき、鶏糞かぼかし肥を株のまわりに追肥。以後、葉の色が薄くなってきたら液肥などを追肥する。

3 摘《てき》芯《しん》・収穫

摘芯してわき芽を収穫する

① 草丈が25㎝くらいになったら摘芯をかねて収穫。葉がのびたら、随時、先端の15 ～ 20㎝を切って収穫する。

② 収穫しはじめてから1か月後。さらにわき芽が出ているので、切って収穫。秋まで収穫できる。

間引き菜も食べられるコンテナ向きの青菜

コマツナ

アブラナ科

冬が旬のコマツナですが、暑さ、寒さに強く春まきも可能。収穫までの期間が約1か月と短く、栽培の手間もかからないので家庭菜園におすすめの野菜です。ただし夏の間は害虫がつきやすいので、見つけたら手でとりのぞきます。

品種は、浜美2号・きよすみ（サカタのタネ）、おそめ・夏楽天・極楽天（タキイ種苗）などがあります。

栽培のポイント

- 日当たりのよい場所で育てる。
- 発芽したら、生育に合わせて少しずつ間引いていく。

栽培難易度　やさしい

日当たり　十分な日照が必要

栽培カレンダー（関東基準）

	1	2	3	4	5	6	7	8	9	10	11	12
種まき			●	●	●	●	●	●	●	●	●	
収穫					■	■	■	■	■	■	■	■

●種まき　■収穫

発芽適温　20～25度

生育適温　15～25度

コンテナの大きさ

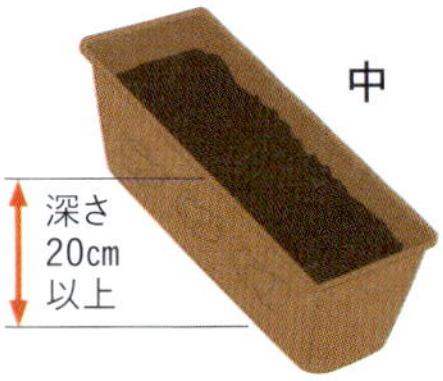

※本書では55cm×20cm×深さ25cmの容器の中央に1列

1 種まき

コンテナの中央にすじまきにする

① 中央に深さ約1cmのみぞをつけ、すじまきにする。

② 手で薄く覆土して鎮圧（P219）。種が流れないように弱い水流で水やりをする。

コマツナの種

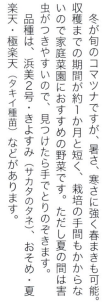

2 間引き

何度か間引きして株間をとる

①コマツナの双葉。約1週間で発芽し、発芽率はよい。

②本葉2、3枚で、重なっているところを間引く。間引き菜もおいしく食べられる。

3 収穫

食べる分ずつ収穫するとよい

①草丈が20㎝くらいになったら、間引きをかねて株ごとぬいて収穫する。

②鶏糞かぼかし肥をひとつかみ追肥し、根が出てきているようなら、増し土する（P204）。

③1回目の収穫から約10日後。大きくなりすぎると硬くなるので、やわらかいうちに収穫しよう。

焼き肉にかかせないレタスの仲間

サンチュ

キク科

春と秋につくれるレタスの仲間で、害虫の被害も少なく育てやすい葉野菜です。市販の苗を植えつければ簡単に収穫できるでしょう。種まきをする場合はコンテナにすじまきし、薄く土をかぶせて発芽させ、間引いて苗を大きくします。まわりの葉から収穫して、少しずつ食べられます。

品種はチマ・サンチュ、赤葉チマ・サンチュ（サカタのタネ・タキイ種苗）など。

栽培のポイント

- ■苗を植えつけたあとに、十分に水やりをする。
- ■植えつけの2週間後くらいに追肥をするとよい。

栽培難易度 やさしい

日当たり 十分な日照が必要

栽培カレンダー（関東基準）

	1	2	3	4	5	6	7	8	9	10	11	12
春植え				▲植えつけ	収穫	収穫						
秋植え									▲植えつけ		収穫	

▲植えつけ　■収穫

発芽適温 15～20度

生育適温 15～20度

コンテナの大きさ 中

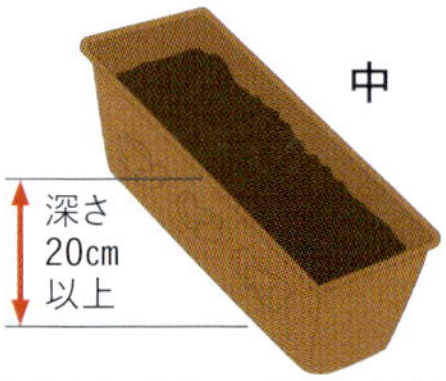
中
深さ20cm以上

※本書では55cm×20cm×深さ25cmの容器に3株

1 苗選び

元気な苗を選ぼう

サンチュの苗は、葉がしっかりしているものを選ぶ。

2 植えつけ

しっかり水やりをしよう

①ポットをはずし、根をくずさずにそのまま植える。

②手で株のまわりをおさえて、安定させる。

③株間は10cm程度あけ、コンテナのサイズに合わせて何株か植える。植えつけ後は十分に水やりをする。

②まわりの葉を収穫後。

③10日ほどたつと、また茂ってくる。株ごととるなら、土に近いところで切って収穫する。

POINT 追肥

植えつけ2週間後。苗が大きくなってきた頃、液肥などを株元に追肥する。

3 収穫

まわりの葉から少しずつ収穫する

①株が育ってきたら、まわりの大きな葉から1枚ずつ収穫すると、長く収穫できる。

半日陰でも育ち、便利に使える和風ハーブ

シソ

シソ科

料理の薬味や添えもの、天ぷらなど、コンテナにあるととても便利。ビタミン、ミネラルなどを含み栄養面でも優秀な葉もの。夏以降も栽培していれば秋にはかわいい花が咲き、穂ジソの収穫も楽しめます。半日陰でも育つので、日当たりの悪いベランダでも大丈夫。

品種は、青しそ・赤ちりめんしそ（サカタのタネ・タキイ種苗）、青ちりめんしそ（サカタのタネ）、うらべにしそ（野口種苗）など。

栽培のポイント

- 保水性の高い土で、湿り気味に栽培する。
- 日当たりがよすぎる場合は、土が乾かないように株元にワラなどでマルチをするとよい。
- 種まきは4月にポットにまき、間引いて育てる。

栽培難易度　やさしい

日当たり　半日陰でも育つ

栽培カレンダー（関東基準）

作業	1	2	3	4	5	6	7	8	9	10	11	12
●種まき				●								
▲植えつけ					▲							
■収穫							■	■	■	■		

発芽適温　20～25度

生育適温　20～25度

コンテナの大きさ　中

※本書では30cm×30cm×深さ25cmの容器に2株

1 種まき

ポットにまいて育てる

シソの種

赤ジソの種

青ジソの種

赤ジソ

青ジソ

ポットに2粒ずつまいて育てる。本葉2、3枚の頃、元気なほうを残して間引く。

2 植えつけ

初夏にコンテナに植えつける

① シソの苗は、本葉4、5枚になった頃が植えつけ適期。

② 苗をポットから出し、そのまま植えつける。

③ 大きめのコンテナなら2株。1株で大きく育ててもよい。

3 追肥・増し土

根元が上がってきたら増し土

株が大きく育ってきたら、鶏糞かぼかし肥を株元にひとつかみ追肥。株元が出てきているようなら、増し土をするとよい(P204)。

4 摘《てき》芯《しん》

摘芯して葉の数を増やす

① 葉が混んできたらわき芽をかく。まず全体を見て、のばしたい芽を選ぶ。

② のばす芽のすぐ上を切る。切った下から枝が増えるので、葉も増やすことができる。

5 収穫

1枚ずつ切って収穫する

① 葉が10枚以上、草丈が25㎝くらいから次々と収穫できる。下のほうの大きくなった葉から、1枚ずつ葉を切って収穫。

② 晩夏になるとつぼみがつき、花が咲くので、穂ジソや花ジソとして刺身のツマなどに利用しよう。

栽培しやすい秋まきがおすすめ！

シュンギク

キク科

β-カロテンや鉄分など栄養豊富な緑黄色野菜で、冬の鍋ものにはかかせないシュンギク。春まき、秋まきができますが、害虫の心配が少ない秋まきがおすすめです。わき芽を少しずつ収穫すれば、長期間食べられます。品種により葉の大きさが異なり、大葉、中葉、小葉や生でもおいしいサラダシュンギクなどもあります。

品種は、さとゆたか・サラダシュンギク きくまろ（サカタのタネ）、大葉春菊・中葉春菊（野口種苗）など。

栽培のポイント

- 秋はコンテナに直まきして育てる。
- 春まきの場合は、虫をつけないよう寒冷紗《かんれいしゃ》をかけるなどの対策をするとよい（P214）。
- 肥料好きなので追肥をする。

コンテナの大きさ 中

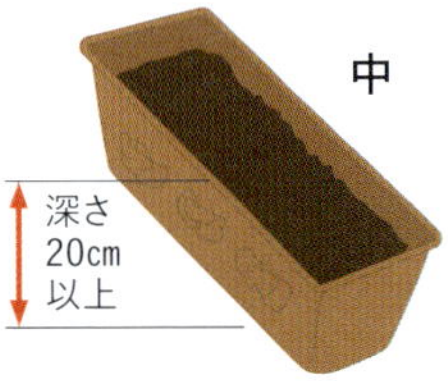

※本書では55cm×20cm×深さ25cmの容器の中央に1列

発芽適温 15～20度

生育適温 15～20度

栽培カレンダー（関東基準）

	1	2	3	4	5	6	7	8	9	10	11	12
春まき			●	●	●	■	■					
秋まき									●	● ■	■	■

●種まき　■収穫

栽培難易度 やさしい

日当たり 十分な日照が必要

1 種まき

コンテナにすじまきする

①コンテナの中央に深さ約1cmのみぞを掘る。

▼

②1、2cm間隔になるようにすじまきをする。

▼

③指先で薄く土をかけ、手でおさえて鎮圧（P219）。水やりをたっぷりとする。

シュンギクの種

2 間引き

生育に合わせて間引く

①１週間ほどで双葉が出る。

②草丈が4、5㎝になったところで、株間が4、5㎝になるように間引く。

3 摘芯・追《てき》肥《しん》

わき芽を増やす作業

①草丈15㎝の頃、主枝の先端を摘芯して、わき芽を出させる。

②摘芯後は、鶏糞かぼかし肥を株元に追肥し、茎が倒れるようなら増し土をしておく(P204)。

4 収穫

わき芽から収穫していく

①わき芽がのびてから収穫していく。

②成長にしたがって収穫していくと、どんどんわき芽が出て、1、2か月収穫できる。

耐寒・耐暑性に優れ、ほぼ1年中収穫可能

スイスチャード

ヒユ科

暑さにも寒さにも強く、長期間栽培できるため、「不断草」という和名でも呼ばれます。葉柄は緑だけでなく、赤や黄色、オレンジ、白などとてもカラフルで、料理の彩りにぴったり。鮮やかな色合いを楽しむには生食で。火を通す場合は、ホウレンソウと同じように、さっと茹でたり、炒めたり、和え物などに。品種は「西洋ふだん草」（サカタのタネ）など。

栽培のポイント

- ■発芽までは湿度が必要なので、しっかり水やりをして乾燥を防ぐと発芽率がアップ。
- ■老化した葉は繊維が硬くなりアクも強くなるため、早めに収穫する。

栽培難易度 やさしい

日当たり 十分な日照が必要

栽培カレンダー（関東基準）

	1	2	3	4	5	6	7	8	9	10	11	12
種まき				●	―	―	―	―	●			
収穫						■	■	■	■	■	■	■

●種まき　■収穫

発芽適温 25度

生育適温 15～20度

コンテナの大きさ 中

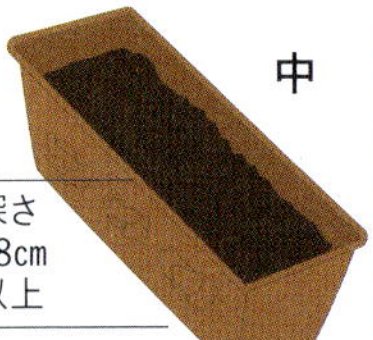

深さ18cm以上

※本書では21cm×48cm×深さ18cmの容器に3株

1 種まき

一晩水につけてからまく

布に包み、ひと晩水につけておくと発芽率が上がる。

スイスチャードの種

① コンテナに深さ約1cmのまきみぞをつける。

② 種を1、2cm間隔にすじまきする。

③ 指先で軽く土をつまんで覆土し鎮圧（P219）。その後たっぷり水やりする。

③草丈5～6㎝になったら、葉が重ならない程度に間引きする。

スイスチャードの病害虫

病害虫は少なめだが、カメムシやヨトウムシ、アブラムシなどがつくことがある。密植させすぎず、成長に合わせて間引きすることが大切。虫を見つけたらとりのぞく。

2 間引き

間引きした株も食べられる

①7～10日で双葉が出る。

②株が混んできたら間引きする。間引き菜も食べられる。

3 収穫

若くやわらかい葉を収穫

①葉が15～20㎝になったら収穫スタート。

②使う分だけハサミで切って収穫するとよい。

独特の苦みと食感がおいしい！

セロリ

セリ科

地中海沿岸地域原産のセリの仲間で、ビタミンB_1、B_2、鉄分、カルシウムなどを含む健康野菜。食物繊維も豊富です。生でサラダにするだけでなく、炒めものやスープでも楽しめます。

有機栽培でおすすめなのは、トップセラー（タキイ種苗）や新コーネル６１９号（タキイ種苗）、コンテナ栽培ではミニセロリやスープセロリと呼ばれる小さいサイズを育ててもよいでしょう。

栽培のポイント

■水切れしないよう、とくに夏の間は注意が必要。
■肥料好きなので追肥をすること。

栽培難易度　ふつう

日当たり　十分な日照が必要

栽培カレンダー（関東基準）

	1	2	3	4	5	6	7	8	9	10	11	12
春まき				●	▲			■				
夏まき						●	▲					■

●種まき　▲植えつけ　■収穫

生育適温　20～25度

コンテナの大きさ　中

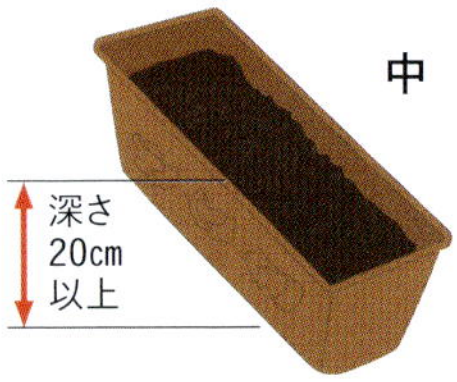

※本書では55㎝×20㎝×深さ25㎝の容器に3株

1 種まきと苗づくり

ポットにまいて育てる

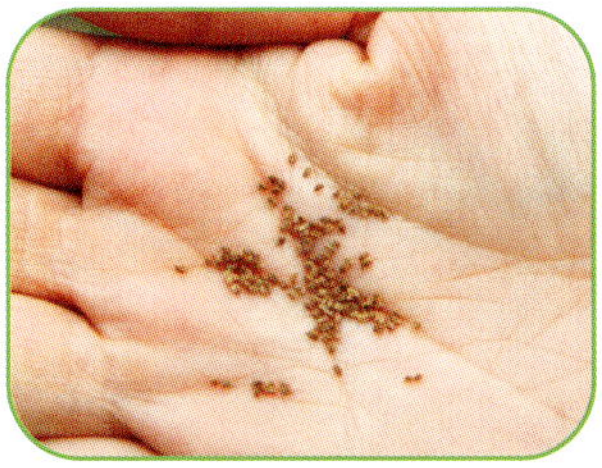

セロリの種

①ポットに２粒ずつまく。２週間ほどで双葉が出る。本葉が出はじめたら、１本残して間引く。

②種まきから約１か月後。

2 植えつけ

苗を大きく育てるのが成功のコツ

① 苗は本葉7、8枚までポットで育てる。

② コンテナに土を入れ、植え穴を掘る。

③ ポットから出して、そのまま根をくずさないように植える。

④ コンテナのサイズに合わせ、株間10～15㎝程度あけて植えつける。

3 追肥

2週間に1回の追肥

植えつけ後、2週間に一度のペースで液肥、または鶏糞、ぼかし肥を与える。

4 収穫

葉だけでも、株ごと収穫してもOK

① 株数が多いときは、間引きをかねて収穫するとよい。

② 葉が大きくなってきたら、使う分だけ外葉を切って収穫する。

③ 草丈30㎝程度で、株ごとすべて収穫する。

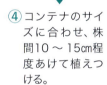

丸く大きく広がる葉がかわいい冬野菜

タアサイ

アブラナ科

中国原産のアブラナ科の野菜で、濃い緑色の葉が土にはうように広がります。

春から秋まで栽培できますが、冬もののほうが葉がやわらかく、おいしく収穫できます。β-カロテン、ビタミンC、カルシウムが豊富。株が大きくなるので、大きなコンテナに植えつけるようにします。有機栽培では緑彩二号（サカタのタネ）がつくりやすいでしょう。

栽培のポイント

- 春まきの場合は、害虫がつきやすいので、見つけたらこまめにとるようにする。
- 種まきする場合は、コンテナに直《じか》まきする。
- 大きさ、深さのあるコンテナで育てる。

大
深さ
25cm
以上

コンテナの大きさ

※本書では50cm×30cm×深さ25cmの容器に2株

発芽適温 25度前後

生育適温 15～20度

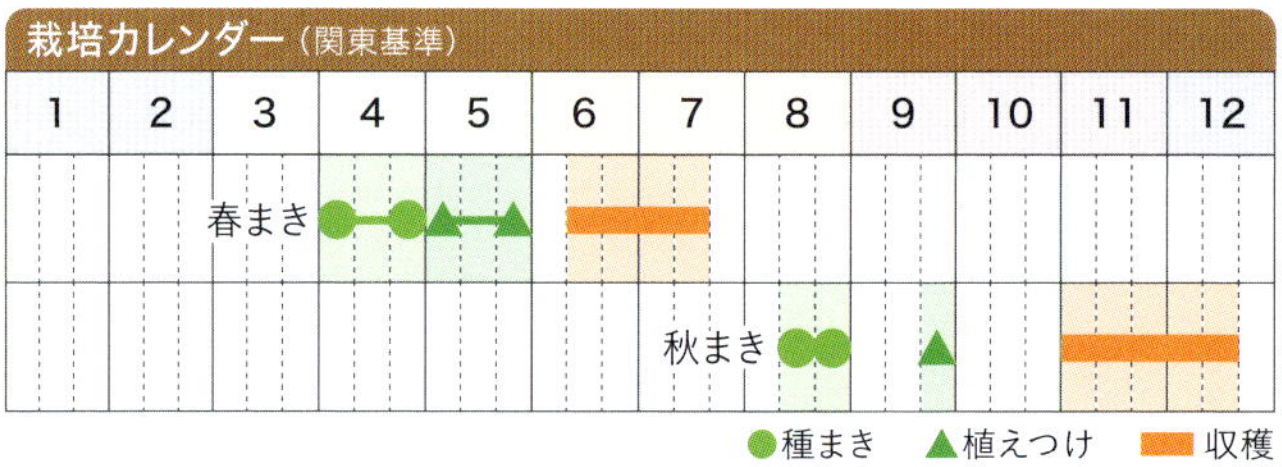
栽培カレンダー（関東基準）
1
2
3
4
5
6
7
8
9
10
11
12
春まき
秋まき
●種まき
▲植えつけ
■収穫

栽培難易度 やさしい

日当たり 十分な日照が必要

1 種まきと苗づくり

ポットに種まきする

タアサイの種

ポットに2粒ずつ種をまく。

10日前後で双葉が出るので、本葉が出はじめたら1本に間引く。

2 植えつけ

本葉4、5枚で定植する

①タアサイの苗。苗が本葉4、5枚のときに、コンテナに植えつける。

②苗を手で持ってポットからはずす。

③根はくずさずに、そのまま植える。

④株のまわりに土を寄せておさえる。植えつけ後は水やりをする。

⑤株間は15 ～ 20㎝。

3 追肥・増し土

植えつけから1、2週間後

①植えつけから10日後。鶏糞かぼかし肥をひとつかみまく。

②茎の根元が出ているようなら、増し土をする。

4 収穫

25㎝程度で収穫する

①葉が25㎝くらいに広がったら、そろそろ収穫期。温度が下がる頃から甘みが増しておいしくなる。

②株の下を切って収穫する。

栽培期間が短いミニタマネギがおすすめ

タマネギ（ミニタマネギ）

ヒガンバナ科

タマネギは秋に種をまいて次の年の初夏に収穫するため、栽培期間も長く、初心者にはちょっとハードルが高い野菜です。コンテナでは、種まきから収穫まで4か月ほどでできるミニタマネギがよいでしょう。小さくて辛みが少なく、シチューなどに丸ごと使えます。ネギ類は病害虫を防ぐので、ほかの野菜といっしょに植えるのもおすすめ。

品種はペアーシェイプ（サカタのタネ）など。

栽培のポイント

- 移植は向かないので、間引きながら大きく育てる。
- 途中で増し土をする。
- 株間がせまいと大きくならないので注意。

栽培難易度　ふつう

日当たり　日照が十分に必要

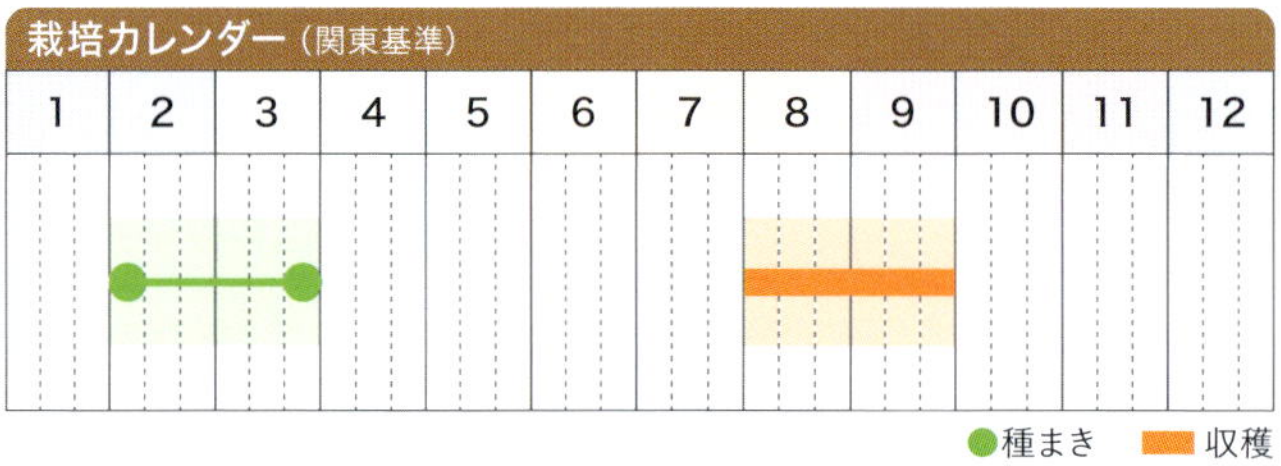

栽培カレンダー（関東基準）
1
2
3
4
5
6
7
8
9
10
11
12
●種まき
■収穫

発芽適温　20度前後

生育適温　15～20度

コンテナの大きさ

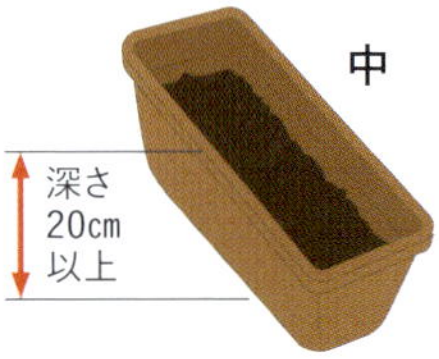

中
深さ20cm以上

※本書では45cm×20cm×深さ20cmの容器に2列

1 種まき

コンテナにすじまきする

①深さ約1cmのまきみぞをつける。5、6cmの間隔がとれれば2列にしてもよい。

②まきみぞに1cm間隔になるようにすじまきする。

③指先で薄く土をかける。

④手でおさえて鎮圧（P219）。たっぷり水やりをする。

ミニタマネギの種

2 間引き

2度に分けて間引く

①1、2週間で発芽する。

②種まきから3、4週間後、芽がのびてきたところで1回目の間引き。混んでいるところを間引く。

③種まきから2か月後。2回目の間引き。株間4、5㎝に間引く。

3 追肥・増し土

追肥して根元に土を入れる

2回目の間引き後、鶏糞かぼかし肥をひとつかみ追肥。根元が見えていたら、増し土をして成長点の下あたりまで土寄せをする。

4 収穫

大きさを見て収穫

①葉が枯れてきたら、そろそろ収穫の時期。

②ミニタマネギは直径3、4㎝程度で収穫。引き抜いて収穫する。

小タマネギを植える場合

小さなタマネギ（セットタマネギとも呼ばれる）を植えて、大きく育てて収穫する方法もあります。品種はホームタマネギ（サカタのタネ）など。株間10～15㎝でコンテナに植えつけ。8～9月に植えつけると12～5月に収穫でき、秋植えなら春に収穫できます。

ミニサイズもある中国野菜の青菜

チンゲンサイ（ミニチンゲンサイ）

アブラナ科

ゆでても炒めてもおいしい中国野菜、チンゲンサイは、暑さにも寒さにも強く丈夫。春から秋まで種まきが可能です。それほどスペースもとらないため、コンテナにぴったりの野菜。栽培では水切れに注意しましょう。

ミニサイズのチンゲンサイ、シャオパオ（サカタのタネ）のほか、普通サイズのチンゲンサイもコンテナで栽培できます。青帝（サカタのタネ）、長陽（タキイ種苗）など。

栽培のポイント

- すじまきをして、間引きして育てる。
- コンテナが小さいと水切れしやすいので注意する。

栽培難易度 やさしい

日当たり 十分な日照が必要

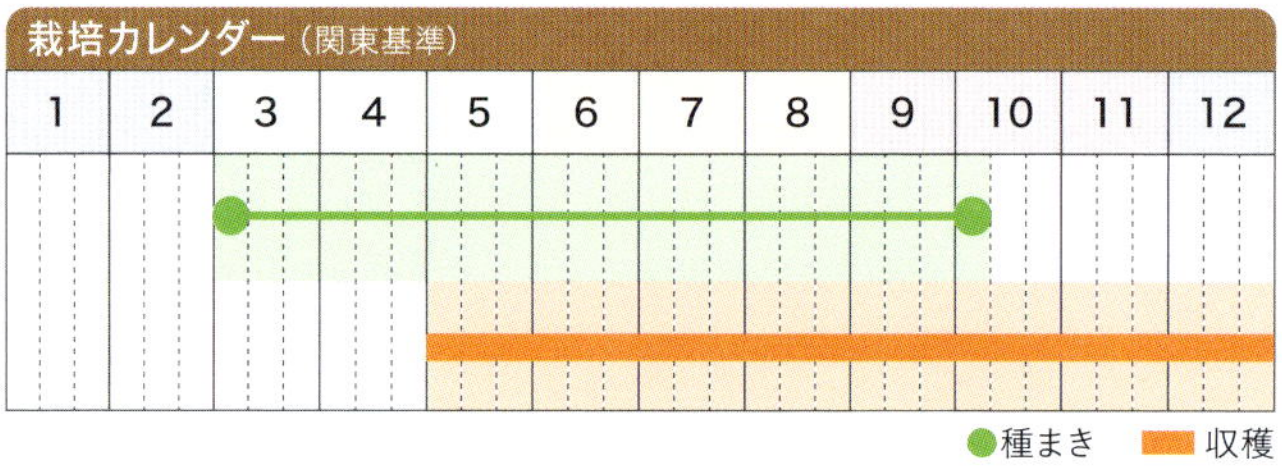

栽培カレンダー（関東基準）
1
2
3
4
5
6
7
8
9
10
11
12
●種まき
収穫

発芽適温 20～25度

生育適温 15～25度

コンテナの大きさ 中

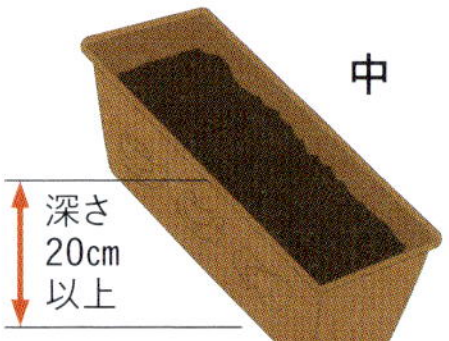

※本書では55cm×20cm×深さ20cmの容器に1列

1 種まき

コンテナにすじまきする

ミニチンゲンサイの種
（種子消毒あり）

①コンテナ中央にまきみぞをつける。

②深さ約1cmにすじまき。

▼

③軽く土をかぶせて鎮圧（P219）。種が流れないように弱い水流で水やりをする。

2 間引き

葉が重ならないよう間引く

①約1週間で双葉が出る。

②双葉が混んでいるので、ハサミで少しずつ切って間引く。

③葉が重ならない程度に間引けばOK。

④本葉が2枚くらい出た頃、2回目の間引きで株間5cmにする。

⑤3回目の間引きで、株間5～10cmにする。

3 中耕・追肥・増し土

株が上がってきたら土を入れる

①間引き後は、移植ゴテなどで株の両わきを中耕し(P204)、土に空気を入れるとよい。

②成長の様子を見て、2週間に1回ほど鶏糞かぼかし肥を株のまわりに、ひとつかみ入れる。

③根元が見えてきたら増し土、土寄せをする(P204)。

4 収穫

大きくなったら収穫しよう

草丈が15～20cmで株元を切って収穫する。

加熱すると独特のぬめりがある青菜

ツルムラサキ

ツルムラサキ科

熱帯アジア原産で暑さに強いつる性植物。名前の通り茎がムラサキの品種と、緑のものとがあります。ホウレンソウの約3倍のカルシウムを含み、ビタミンCやβ-カロテンも豊富です。

加熱するとぬめりがあり、おひたしやあえもの、炒めもの、天ぷらなど、さまざまな料理に活用できます。

栽培のポイント

- 芽が硬く発芽しにくいので、種まき前に浸水させておく。
- 発芽してからは成長がよいため、混みすぎるときはわき芽をかく。

栽培難易度
やさしい

日当たり
十分な日照が必要

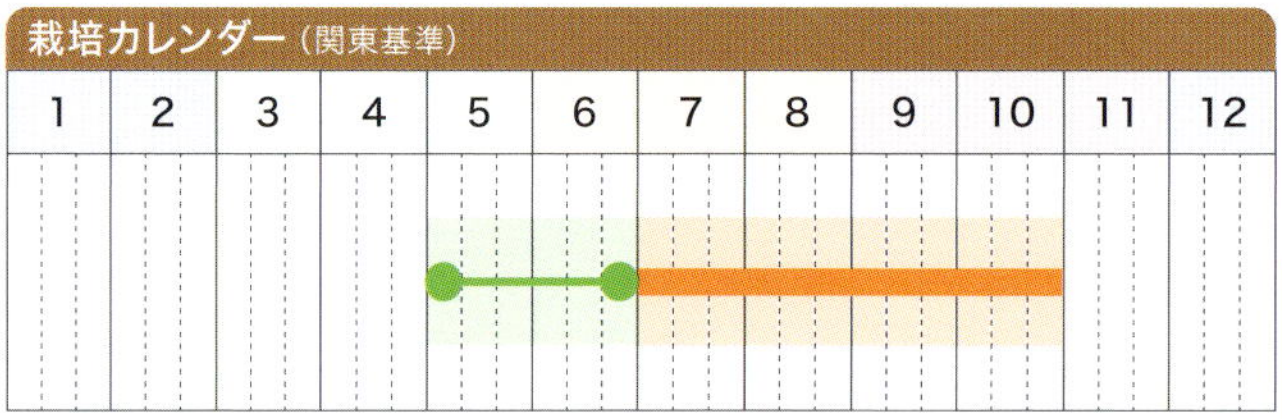

栽培カレンダー（関東基準）
1
2
3
4
5
6
7
8
9
10
11
12
●種まき
収穫

生育適温
25〜30度

コンテナの大きさ
中

深さ20cm以上

※本書では30cm×30cm×深さ25cmの容器に3株

1 種まき

浸水させてからまくのがコツ

ツルムラサキの種
（種子消毒あり）

①種は植えつけの前に、布に包んでひと晩、水につけておく。

②コンテナに5粒、直まきする。

③土をかけて鎮圧（P219）。たっぷり水やりをする。

2 間引き

混み合うところを間引く

1週間ほどで双葉が出るので、本葉が出る頃に元気な株を3株残して、間引く。

3 追肥・増し土

成長の様子を見て追肥する

① 草丈がのびてくる。生育が悪いようなら鶏糞かぼかし肥をひとつかみ株元に追肥。コンテナ栽培では、支柱は立てなくても大丈夫。

▼

② つるがどんどんのびてくるので、根がいっぱいに回っているようなら増し土する(P204)。

POINT
摘《てき》芯《しん》

主枝が20cmくらいになったら摘芯する。摘芯することでわき芽を増やす。

4 収穫

先端を切って収穫する

どんどん成長するので、先端を10～15㎝ずつ切って収穫。1、2か月間、収穫ができるので、収穫しながら、ときどき追肥と増し土をするとよい。

こまめに収穫できるのでコンテナ栽培にぴったり

ニラ

ヒガンバナ科

疲労回復や夏バテ予防、風邪予防などにおすすめの健康野菜。はじめの1年は収穫できませんが、一度育てればコンテナに植えっぱなしで3年間は収穫が可能。コンパニオンプランツ（P215）としてほかの野菜といっしょに植えれば、害虫よけの効果もあります。

品種は、広巾にら（タキイ種苗）、大葉にら（サカタのタネ）など。

栽培のポイント

- コンテナにすじまきして育て、2年目から収穫する。
- 種まきは春と秋の2回可能。
- 3年ごとに、掘り起こして株分けし、植え直せば、ずっと収穫できる。

栽培難易度 やさしい

日当たり 十分な日照が必要

栽培カレンダー（関東基準）

	1	2	3	4	5	6	7	8	9	10	11	12
●種まき			●	●								
■収穫（翌年収穫）				■	■	■	■	■	■			
◆株分け				◆					◆			

●種まき ■収穫 ◆株分け

発芽適温 15〜25度

生育適温 15〜20度

コンテナの大きさ 中

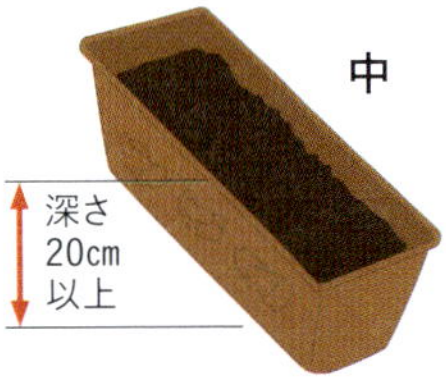

※本書では55cm×20cm×深さ25cmの容器の中央に1列

1 種まき

コンテナにすじまき

① コンテナ中央に、深さ1cmのまきみぞをつける。

ニラの種

② 中央にすじまきする。

③ 土をかけて鎮圧（P219）。水やりをし、発芽まで新聞紙をかけておくとよい。

2 間引き

混み合っているところを間引く

①芽が出そろってきたら、指1本分くらい間隔があくように間引く。

②何回かに分けて間引き、最終的に3㎝間隔くらいにして株を育てる。

POINT 追肥

種まき後、草丈が15㎝くらいになった頃、鶏糞かぼかし肥をひとつかみ株元に追肥。また、収穫後は、中耕して追肥、増し土をしておくと(P204)、また収穫できる。

3 収穫

収穫は2年目からはじめる

①1年以上育てた株から収穫する。草丈20㎝くらいから収穫できる。

②葉が分かれている部分の上で、1本ずつ切って収穫。収穫後、新たにのびてくるので、2年目以降は春から秋まで収穫できる。

花ニラ

夏には花がつくので、花ニラ（つぼみの状態）で収穫して食べよう。花ニラをとらずに開花させてしまうと、葉の収穫が悪くなる。

株分け

3年ごとに株分けし、植え替えるとよい。株分けの時期は春（4月）か秋（9月）がよい。

植えつけるだけで手間いらずの健康野菜！

ニンニク

ヒガンバナ科

薬味などにあると便利な健康野菜ニンニクは、意外と簡単につくれます。種子はとれないので、種球の鱗片《りんぺん》を植えつけます。品種によって暑さ、寒さに弱いものもあるので、地域により品種を選ぶようにしましょう。

暖地では上海種（早生）（カネコ種苗）、平戸（サカタのタネ）・紫々丸（日光種苗）・島ニンニク、寒冷地ではホワイト六片など。

食用ニンニクを種球として植えることもできます。

栽培のポイント

- ■種球をばらして、鱗片を植えつける。
- ■秋に植えつけて冬越しをさせ、初夏に収穫する。

栽培難易度 やさしい

日当たり 十分な日照が必要

栽培カレンダー（関東基準）

1	2	3	4	5	6	7	8	9	10	11	12
				翌年収穫	翌年収穫			▲▲			

▲植えつけ　■収穫

生育適温 15～20度

コンテナの大きさ 中

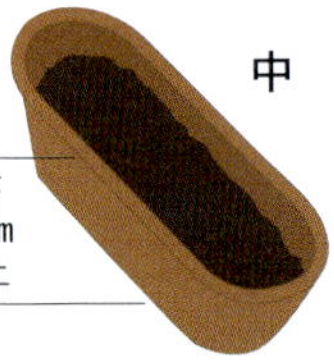

※本書では45cm×20cm×深さ20cmの容器に2株

1 植えつけの準備

種球を1房ずつにほぐす

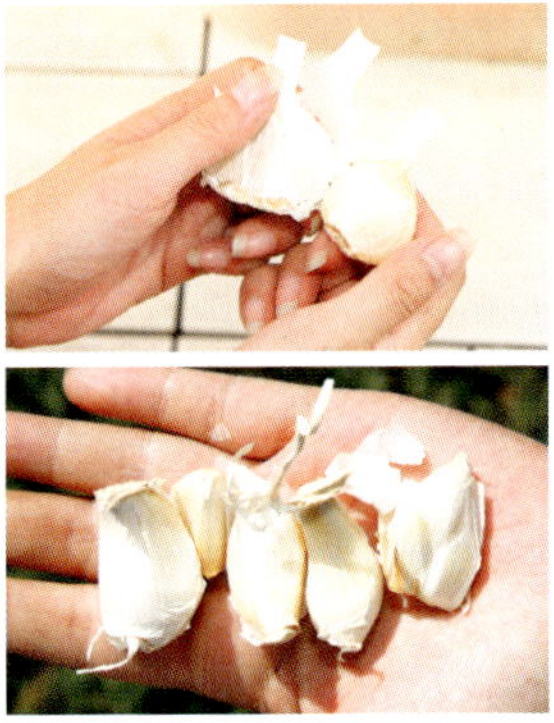

①ニンニクの種球を1房ずつにほぐす。

②薄皮をむいておく。

2 植えつけ

とがった部分を上にする

①種球は、コンテナにとがった部分を上にして植える。

②上に5、6cm土をかぶせる。

③手の平でおさえて鎮圧（P219）。水やりをする。

3 追肥

追肥は秋と春の2回する

①植えつけの1か月後。

②10～15㎝ほどの長さになった頃、1回目の追肥。鶏糞かぼかし肥をひとつかみ株元にまく。

③冬越しをして春に草丈がのびてくる。この頃、2回目の追肥。

4 収穫

冬越しをして初夏に収穫

①葉が枯れてきたら収穫どき。

②シャベルで掘り起こし、引き抜いて収穫する。

③根を切り落とし、軽く洗って土を落とし、茎を結んで風通しのよいところに干して乾かす。

ニンニクのわき芽とつぼみ

1株から2本以上の芽が出ているようなら、根元をおさえて1芽になるようにわき芽を抜きとるとよい。抜いたわき芽も食べられる。

また、春に花芽が出てつぼみが出たら、つぼみも食べられる。

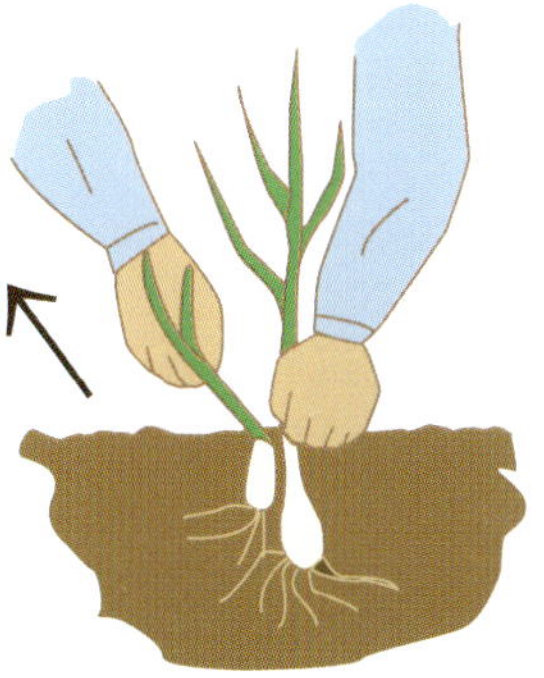

使う分だけ収穫できる！とても便利なコンテナ野菜

ネギ（葉《は》ネギ）

ヒガンバナ科

病害虫の被害が少なく、手間がかからないのでコンテナ菜園向きのつくりやすい野菜です。間引きながら収穫していけるので、長く使えて便利。コンテナでネギをつくるなら、細くて小ぶりの葉ネギや小ネギがおすすめです。

品種は、九条〈葉ネギ〉・緑秀〈小ネギ〉（サカタのタネ）、小夏・小春（タキイ種苗）など。

栽培のポイント

- すじまきをして、生育に合わせて間引いていく。
- 収穫している期間、定期的に追肥をすると長く収穫できる。

栽培難易度　やさしい

日当たり　1日5時間以上

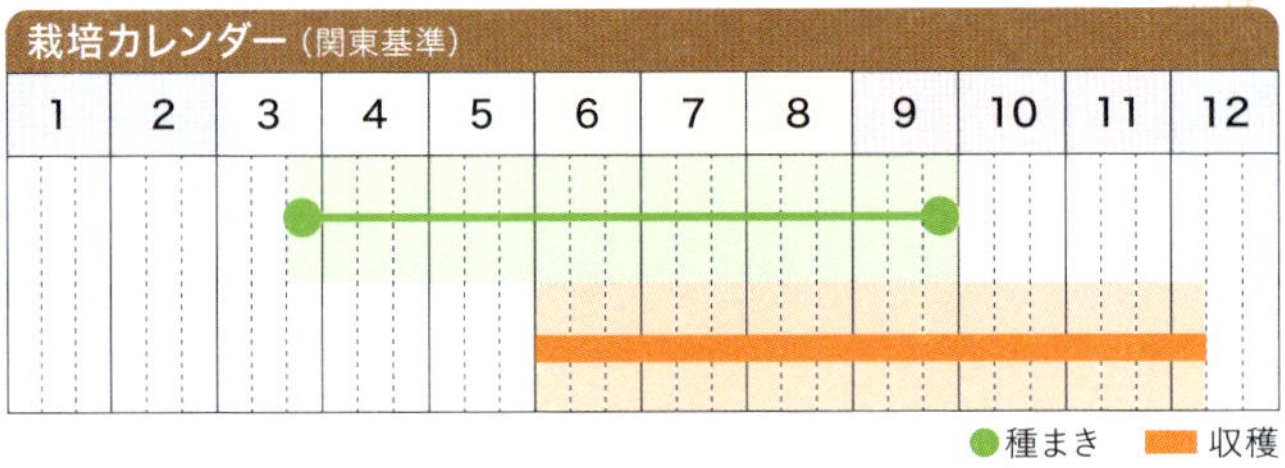
栽培カレンダー（関東基準）
1
2
3
4
5
6
7
8
9
10
11
12
●種まき
収穫

発芽適温　15～30度

生育適温　15～20度

コンテナの大きさ　中

中
深さ20cm以上

※本書では45cm×20cm×深さ20cmの容器に1列

1 種まき

中央にすじまきする

九条ネギのタネ

①深さ1cmのまきみぞを中央につける。

②約1cm間隔で種をすじまきする。

③指先や土入れで土をかけて覆土。種の大きさのわりには深めに、1cmくらい土をかぶせるとよい。

④手で鎮圧する（P219）。たっぷり水やりをする。

2 間引き

間引きをかねて収穫する

①種まきから約3週間後。

②種まきから約2か月後。草丈20㎝くらいになり、すでに収穫できる。間引きをかねて混んでいるところを収穫して株間を広げる。

③間引いたネギはまだ細いが、薬味などにちょうどよい。

3 追肥・増し土

2週間に一度追肥する

①間引き後は、移植ゴテなどで株の両わきを中耕し(P204)、土に空気を入れるとよい。

②成長の様子を見て、2週間に1回ほど鶏糞かぼかし肥を株のまわりに、ひとつかみ入れる。

4 収穫

切るか、抜いて収穫する

収穫は使う分だけ根元に近い部分で切るか、株ごと抜きとってもよい。切った場合は中耕、追肥、増し土をしておくと、のびてきて、数回、収穫できる。

次々と出てくる花芽を収穫して春を味わう

ノラボウ菜《な》

アブラナ科

西洋ナタネの一種で、古くから埼玉、東京などの山間部でつくられていました。「野良生え」の呼び名から「のらぼう」となったと伝えられるほど、丈夫で育てやすい品種です。秋に種をまき、冬越しさせて育て、春につく花芽を収穫。おひたしや炒めもの、みそ汁などに利用しましょう。

一般種は「のらぼう菜」（野口種苗）で種が入手できます。花を咲かせれば、種の自家採種も可能。

栽培のポイント

- ■秋に種まきをして、よい苗を選んで育てる。
- ■大きめのコンテナで株を大きく育てれば、3月頃から次々と収穫できる。
- ■苗をたくさんつくるなら、ポットまきで育苗してもよい（P196）。

栽培難易度　やさしい

日当たり　十分な日照が必要

栽培カレンダー（関東基準）

	1	2	3	4	5	6	7	8	9	10	11	12
種まき									●			
収穫			翌年収穫	翌年収穫								

●種まき　■収穫

発芽適温　25度前後

生育適温　15～20度

コンテナの大きさ　大

※本書では30cm×30cm×深さ25cmの容器に1株

1 種まき・間引き

コンテナに直《じか》まきする

ノラボウ菜の種

①コンテナに数粒、直まきする。

②発芽して本葉が出たら、よい苗を選んで3本残して間引く。

③成長を見ながらさらに間引き、中央1本にし、株を大きく育てる。

2 摘《てき》芯《しん》

主枝を摘芯して
わき芽を出させる

①冬越しして、3月下旬から4月上旬頃の株。つぼみがつきはじめたら、わき芽を出すために主枝の花芽を切る。

②花芽を切ったところ。この頃、2回目の追肥。

3 収穫

花芽を次々に
収穫する

先端から20～25cmで切り、花芽を収穫する。わき芽が次々と出てくるので、2か月近く収穫が可能。

POINT 追肥

本葉7、8枚の頃、1回目の追肥としてぼかし肥、鶏糞、なたね粕のいずれかを株元にまく。春に収穫しはじめたら、2回目の追肥。

4 種とり

開花させて種が
つくまでおく

①種とりしたい場合は、花芽をのばしてとう立ちさせる。

②花が枯れたあと、種がついてサヤがふくらんでくる。

③種が枯れたら茎を切り、結んで逆さに干す。

④十分に乾燥させたら、ばらしてふるいにかけ種をとる。湿気を防いで冷暗所におけば、2、3年は保存OK。

コンテナで育てるならミニハクサイがおすすめ！

ハクサイ（ミニハクサイ）

アブラナ科

秋まきでつくるハクサイは、種まきが早すぎると害虫や病気が出やすく、遅すぎると葉が巻きにくくなるので、種まきの適期を守ることが大切。苗が小さいときは害虫よけ対策をするのが成功のコツです。コンテナ栽培では、1株が600～800gくらいのミニハクサイがおすすめです。

ミニハクサイには、CRお黄にいり（タキイ種苗）、黄味小町（サカタのタネ）などの品種があります。

栽培のポイント

- ■コンテナに直《じか》まきするときは、多めに種をまいて間引いていく。
- ■虫がつきやすいので、寒冷紗をかけるなどの害虫対策が重要。

栽培難易度　ふつう

日当たり　1日数時間以上

栽培カレンダー（関東基準）

	1	2	3	4	5	6	7	8	9	10	11	12
種まき								●	●			
植えつけ										▲		
収穫										━	━	━

●種まき　▲植えつけ　━収穫

発芽適温　20～25度

生育適温　20度前後

コンテナの大きさ　大

※本書では50cm×30cm×深さ25cmの容器に2株

1 種まき

株間20cmでつくれるように種をまく

ミニハクサイの種
（コーティング種子）

① 1か所4、5粒ずつ点まきする。コンテナの大きさに合わせて最終的につくる株数を決めるが、本書では2株つくるため2か所にまいている。

② 指先で土を寄せて、種の厚さの3倍くらいにかける。

③ 手でおさえ鎮圧（P219）。たっぷり水やりをする。約1週間で発芽する。

2 間引き

1か所1株まで間引きながら育てる

① 発芽後、1回目の間引き。弱々しい苗を間引き、3、4株残す。

② 本葉4、5枚になった頃、2回目の間引き。重なっている苗を間引き、2、3株にする。

③ 生育を見て、最終的に1か所1株になるように、一番育ちのよい苗を残して間引く。

ポットで育苗

ハクサイは、ポットに種まきして、苗をある程度大きく育ててからコンテナに植えつけると、直まきするよりうまくいきます。暑さに負けないように風通しをよくして育てましょう。苗を購入して植えつけてもOKです。

POINT 追肥

1株に残した頃、ぼかし肥または鶏糞をひとつかみ追肥するとよい。

3 害虫対策

トンネルがけして防虫する

① 苗が小さいうちは、コンテナの上から防虫ネットや寒冷紗《かんれいしゃ》をかけ、害虫の被害を防ぐと安心。

② ハクサイはアオムシやヨトウムシ、ハムシなどがつきやすく、苗のうちに虫にやられるとダメになってしまうので注意。写真のダイコンサルハムシは葉を食べる。

4 収穫

種まきから50〜55日程度で収穫

① 株が大きくなり葉が巻いてきたら、大きさを見て収穫。

② ミニハクサイは50日あまりで収穫可能。株の下を切って収穫する。

新鮮なダイコンの葉っぱは栄養がたっぷり！

葉《は》ダイコン

アブラナ科

コンテナ栽培では、ダイコンの種をまいて葉を収穫するのもひとつの楽しみ方です。また、ダイコンをつくる過程で間引いた葉も食べられますが、葉を食べるために改良された品種もあります。つくり方はダイコンと同じですが、葉を食べる場合は、株間をせまくしてたくさん育ててもOK。

　葉ダイコンの品種は、葉太郎・ハットリくん（タキイ種苗）などがあります。

栽培のポイント

- ■コンテナに5点まきか、すじまきして発芽させる。
- ■葉がやわらかいうちに収穫する。

栽培難易度　やさしい

日当たり　十分な日照が必要

栽培カレンダー（関東基準）

	1	2	3	4	5	6	7	8	9	10	11	12
種まき					●	●						
収穫							■	■				

●種まき　■収穫

発芽適温　20～30度

生育適温　17～20度

コンテナの大きさ　中

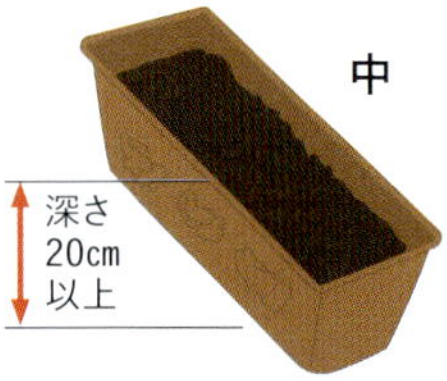

※本書では55cm×20cm×深さ25cmの容器に3か所5株ずつ

1 種まき

コンテナに5点まき

葉ダイコンの種
（種子消毒あり）

① コンテナの3か所に、5点まきする。中央にすじまきしてもOK。

② 深さ1cmくらいに指でおし込む。

③ 覆土し、手でおして水やり。1週間程度で発芽する。

2 間引きながら収穫

よい苗を残して間引く

① 本葉が4、5枚になったところ。種まき後、約2週間。

② 草丈15㎝くらいから、間引きをかねて収穫する。

③ 根元から引き抜く。

④ 間引き菜はサラダや炒めものなどに。

POINT 追肥と増し土

成長の様子を見て、2週間に1回くらい鶏糞かぼかし肥、液肥などを追肥するとよい。追肥をしたら、増し土か土寄せをしておこう(P204)。

3 収穫

葉を収穫する

① 草丈が25㎝くらいになったら収穫適期。

② 引き抜いて収穫する。長くおいていると葉が硬くなるので、早めに収穫を終えたい。

茎まで食べたいビタミンCたっぷりの健康野菜

ブロッコリー

アブラナ科

地中海沿岸地域原産の緑黄色野菜。食べている部分は花蕾《からい》と呼ばれるつぼみですが、茎にも花蕾と同じくビタミンCや食物繊維が豊富なので、捨てずに食べましょう。茎はまわりの硬い部分をのぞいて炒めものやスープの具などにするとおいしく食べられます。

緑嶺（サカタのタネ）、シャスター・グリーンビューティ（タキイ種苗）などの品種があります。

栽培のポイント

- 種はポットまきにして、定植まで育苗する。
- 害虫をこまめにチェックして、見つけたら駆除すること。

栽培難易度　ふつう

日当たり　十分な日照が必要

栽培カレンダー（関東基準）

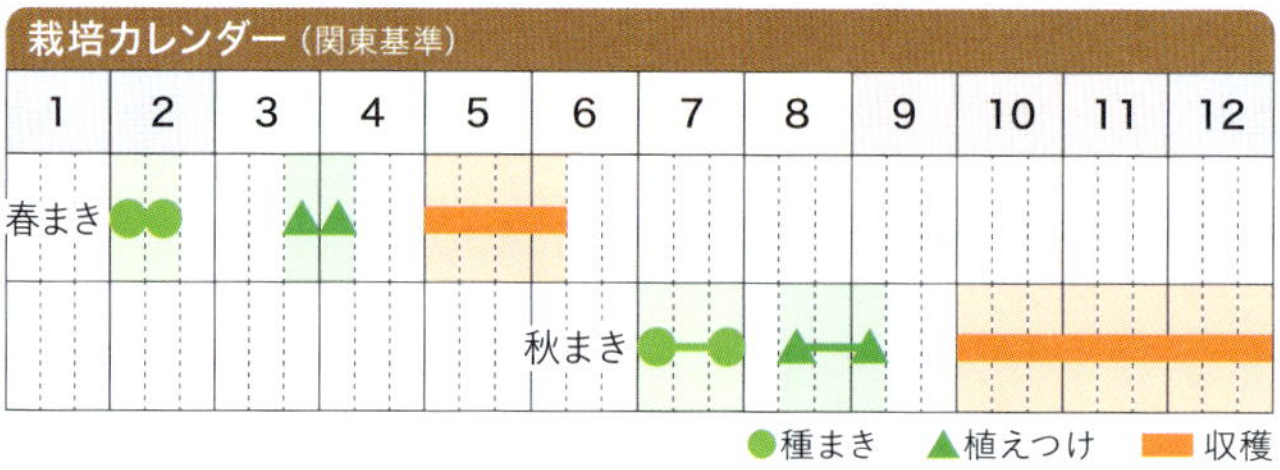

発芽適温　20～25度

生育適温　15～20度

コンテナの大きさ　大

※本書では30cm×30cm×深さ25cmの容器に1株

1 植えつけ

本葉3、4枚で定植する

① 本葉が3、4枚になったブロッコリーの苗。

② 苗をポットから出す。

③ 根がまいているので、くずさずにそのまま植えつけ、株元をおさえる。たっぷり水やりをする。

種から育てる場合

ポットに2、3粒ずつ種まきし、本葉が出たら、元気な株を1本残して間引く。春まきの場合は暖かい環境で育苗。秋まきは、風通しのよい場所で植えつけまで管理する。

本葉が出はじめたところ。

2 追肥

ぼかし肥、鶏糞などで追肥

①苗は水を切らさないように育てる。アオムシやヨトウムシがつきやすいので、害虫チェックも忘れずに。植えつけから10日後に一度目の追肥。

②本葉14、15枚くらい、花蕾がつく頃に2度目の追肥をする。ぼかし肥か鶏糞、液肥などを与える。

3 収穫

花蕾が成長したら収穫

①頂点に小さな花蕾がついてきたところ。

②花蕾が直径10㎝以上になったら、花蕾から2節くらい下を切って収穫。

側花蕾《そくからい》も収穫

頂上の花蕾をとると、品種によって、わきからも側花蕾と呼ばれる花蕾が出てくる。大きくはならないが、側花蕾もおいしく食べられる。

次々に出る小さい花蕾《からい》を収穫するコンテナ向きの野菜

茎《くき》ブロッコリー

アブラナ科

茎ブロッコリーは、ブロッコリーのように頂点に大きな花蕾ができるのではなく、茎が長く小さめの花蕾がたくさんつくのが特長です。キャベツの原型とされるカイランとブロッコリーの交配種で、栽培方法はブロッコリーと同じ。春と秋に市販の苗が出回りますが、秋植えのほうが害虫の被害が少ないので育てやすいでしょう。

品種はスティックセニョール（サカタのタネ）、スティッコリー（トキタ種苗）など。

栽培のポイント

- 頂点の花蕾が3cmくらいのときに摘芯し、側花蕾を出す。
- 追肥をしながら育てれば長く収穫できる。
- 種から育てる場合はブロッコリーと同様に育苗（P123）。こまめに害虫チェックを！

栽培難易度 ふつう

日当たり 十分な日照が必要

栽培カレンダー（関東基準）

	1	2	3	4	5	6	7	8	9	10	11	12
春まき		●●	▲	▲	━	━						
秋まき							●━●	▲━▲		━	━	━

●種まき ▲植えつけ ━収穫

発芽適温 20〜25度

生育適温 15〜20度

コンテナの大きさ 大

※本書では30cm×30cm×深さ25cmの容器に1株

1 植えつけ

本葉3、4枚で定植

① 茎ブロッコリーの苗は、本葉3、4枚が定植の適期。

② 苗のポットをはずして、そのまま植えつける。

③ しっかり土をおさえて、たっぷり水やり。2株以上植える場合は、株間を30cm程度あける。

種から育てる場合

茎ブロッコリーを種から育てるときは、ブロッコリーと同様に育苗しよう（P123）。

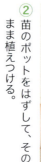

2 追肥

ぼかし肥、鶏糞などで追肥

① 植えつけから1、2週間後に一度目の追肥をする。

② 頂上に花蕾が出てきた頃、2度目の追肥。

3 摘《てき》芯《しん》

てっぺんの花蕾を摘んで側《そく》花《か》蕾《らい》を出させる

頂上の花蕾が3㎝くらいになったら収穫をかねて摘芯し、わきから側花蕾を出させる。

4 収穫

茎の部分も食べられる

① 側花蕾がのびてきたら収穫できる。

② 花蕾も含め15 ～ 20㎝くらいのところで、茎を切って収穫する。

茎ブロッコリーの害虫

アオムシやヨトウムシなどの害虫がつきやすいので、こまめにチェックし、見つけたら、すぐにとりのぞくこと。

秋まきの冬どりが本来の旬！ 旬の時期は栄養も豊富

ホウレンソウ

ヒユ科

中央アジア原産の緑黄色野菜ホウレンソウは、ビタミンC、鉄、カルシウムなどが豊富。年中、出回っていますが、冬の旬のものがおいしく、栄養価も高いです。コンテナ菜園では、病害虫が出にくい秋まきで、冬に収穫するのがおすすめ。

有機で育てやすいのは、まほろば（サカタのタネ）・サラダほうれんそう、在来種の日本ほうれん草（野口種苗）など。ほかに、おかめ（タキイ種苗）など。

栽培のポイント

- ■植え替えに向かないので、コンテナにすじまきする。
- ■弱い光でも育ちやすいので、日照の少ないベランダでも栽培可。
- ■春まきする場合は、とう立ちしにくい品種を選ぶこと。

栽培難易度 ふつう

日当たり 1日数時間以上

栽培カレンダー（関東基準）

	1	2	3	4	5	6	7	8	9	10	11	12
●種まき									●	●		
■収穫	翌年 ■											■

発芽適温 18～20度

生育適温 15～20度

コンテナの大きさ 中

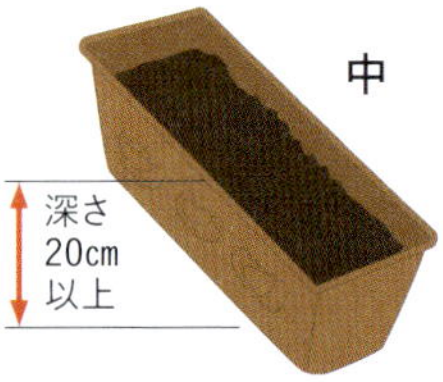

※本書では55cm×20cm×深さ25cmの容器に1列

1 種まき

コンテナにすじまき

サラダホウレンソウの種
（種子消毒あり）

①コンテナ中央に、深さ1cmのまきみぞをつくる。1cm間隔になるよう、種をすじまきする。

②指先で土を軽くかけ、手でおさえて鎮圧し（P219）、水やりをする。

2 間引き①

間引きながら育てる

発芽するまで、水切れで乾燥させないように注意。芽が出そろったら、葉が重ならない程度に間引く。

3 中耕・追肥・土寄せ

中耕で根に空気を与えて成長を促す

① 本葉が出て5～10㎝くらいになったら、まわりの土を中耕(P204)。

② 同時期に、ぼかし肥か鶏糞を追肥し、土寄せする(P204)。

4 間引き②

間引き菜も食べられる

草丈10～15㎝で、間引きをかねて収穫。ほかの根を傷つけないように、まわりの土をおさえながら抜く。株が混んでいるときは、根元を切って収穫すると、ほかを傷つけなくてよい。

5 収穫

サラダホウレンソウは小さめで収穫

十分な大きさになったら、株ごと抜くか、根元から切って収穫。

サラダにも鍋にも合う！ シャキシャキ野菜

ミズナ

アブラナ科

「京菜」とも呼ばれるミズナは、細く切れ込みがある葉が特長で1株が大きく成長します。秋から冬の旬の時期、鍋に使われるのでおなじみの野菜。シャキシャキした食感を生かして、生でサラダにするのもおすすめです。β-カロテン、ビタミンC、カルシウム、などを含んでいます。

水天（サカタのタネ）、京みぞれ（タキイ種苗）など。

栽培のポイント

- 株は大きくなるが、コンテナで小ぶりにつくることもできる。
- すじまきして、間引きしながら大きくする。
- 春まき、秋まきができるが、秋まきのほうが病害虫が少なく育てやすい。

栽培難易度

ふつう

日当たり

1日数時間以上

栽培カレンダー（関東基準）

	1	2	3	4	5	6	7	8	9	10	11	12
春まき			種まき	種まき	種まき	収穫	収穫	収穫				
秋まき									種まき		収穫	収穫

●種まき　■収穫

発芽適温 15〜25度

生育適温 15〜25度

コンテナの大きさ　大

※本書では50cm×30cm×深さ25cmの容器に1列

1 種まき

コンテナにすじまき

ミズナの種

①中央に1列、板で深さ約1cmのまきみぞをつけ、1cm間隔ですじまき。

②指先で土をかけ、手でおさえる。弱い水流でたっぷり水やりをする。

2 間引き

重ならないよう間引く

間引き前
(1回目)

①約1週間で発芽する。本葉が出てきたら、葉が重ならないように、1回目の間引き。

間引き後
(1回目)

間引き前
(2回目)

②1回目の間引きから約2週間後、2回目の間引き。

間引き後
(2回目)

3 追肥

成長を見て追肥する

草丈15cmの頃、ぼかし肥か鶏糞をひとつかみ株の両側に追肥する。

4 収穫

間引きながら収穫する

①草丈20cmくらいで、間引きをかねて収穫。株ごと引き抜くか、株元からハサミで切るとよい。

②秋まきの場合、10月下旬から12月頃まで次々に収穫できる。

コンテナにあると長く楽しめる、香り高い日本のハーブ

ミツバ

セリ科

日本原産の多年草。一度コンテナに根づかせれば、数年間、収穫できて便利。関東系で秋から冬に出回るやや太い切り三つ葉、関西系の糸三つ葉、通年栽培されている根三つ葉があります。

どの系統の品種でも、日当たりがよくない場所でも栽培できるのでベランダでもつくりやすい野菜です。発芽させるのが難しいので苗で購入してもよいでしょう。品種は、白茎みつば（サカタのタネ）、白茎三ツ葉（タキイ種苗）など。

栽培のポイント

- ■発芽しにくいので、種は厚めのすじまきにする。
- ■秋まきが育てやすい。
- ■抜かずに切って根元から収穫すると、長期間、収穫できる。

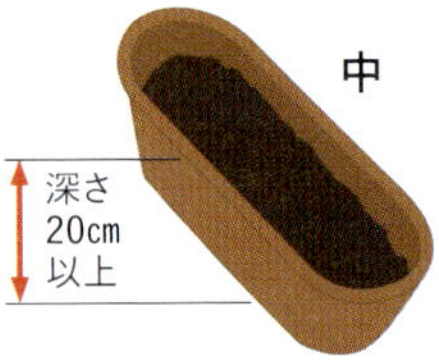
中
深さ20cm以上

コンテナの大きさ

※本書では55cm×20cm×深さ20cmの容器に2列

生育適温 10～20度

発芽適温 20度前後

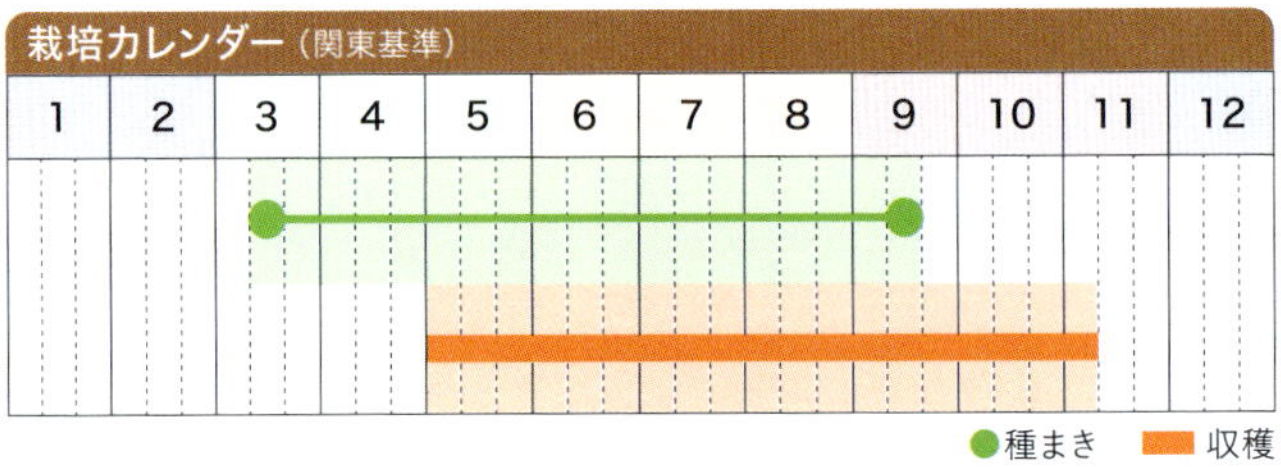
栽培カレンダー（関東基準）
1
2
3
4
5
6
7
8
9
10
11
12
●種まき
■収穫

栽培難易度 やさしい

日当たり 半日陰でも育つ

1 種まき

発芽しにくいので多めにまく

① 深さ約1cmのまきみぞを10cmの間隔をあけて2列つける。

② 発芽しにくいので、種が重なるくらい多めに種まきする。

③ 指先で土をかけ、手でおさえて鎮圧し(P219)、水やりをする。

ミツバの種

POINT 追肥

成長を見て、草丈約5cmで、ぼかし肥または鶏糞をひとつかみ追肥するとよい。

ポットで育苗《いくびょう》するとき

ポットに種まきして、ある程度の大きさまで苗を育てるのもおすすめ。ポットに種を数粒ずつまき、育ってきたら、1、2本に間引いて育てる。本葉が4、5枚になったらコンテナに植えつけよう。

ミツバの害虫

ミツバは比較的、害虫が少ない野菜だが、害虫では、アブラムシやハダニなどがつくので、見つけたら捕殺したり、葉をとりのぞこう。

ミツバの花

ミツバは小さい白い花をつける。花のあとには種ができるので、冷暗所で3年ほど保存できる。

ミツバの花

ミツバの種

2 間引き

発芽したら間引きしよう

① 1週間から10日程度で発芽する。発芽しても、はじめは間引かずに育てる。

② 本葉が出て大きくなってきたら、まわりを傷つけないよう注意して間引く。

3 収穫

抜かずに切って収穫する

① 葉が草丈20～25㎝になったら、根元で切って収穫する。切ったあとから新しい芽がのびるので、その後も3、4回は収穫できる。収穫後はお礼肥として、ぼかし肥や鶏糞を追肥する。

② 温度が下がるにつれて枯れてくるが、水切れしないようにすると、春には新芽が出てくる。

さわやかな香りと風味をコンテナで楽しもう！

ミョウガ

ショウガ科

ミョウガは多年草なので、地植えで栽培すると毎年夏に収穫できます。コンテナ栽培では、春に根株を植えつけて明るい日陰で栽培し、夏に収穫します。一度植えると、数年、収穫が可能。

乾燥が苦手なので、湿り気味で育てるのがポイントですが、根腐れには注意。食べるのは土から顔を出した花芽の部分です。早生ミョウガ（タキイ種苗）、秋みょうが（タキイ種苗）など。

栽培のポイント

- 根株を深めに植えて、育苗する。
- 乾燥しないように、明るい日陰で育てる。

栽培難易度　難しい

日当たり　半日陰でも育つ

栽培カレンダー（関東基準）

	1	2	3	4	5	6	7	8	9	10	11	12
植えつけ			▲									
収穫								■	■			

▲植えつけ　■収穫

生育適温　20〜25度

コンテナの大きさ

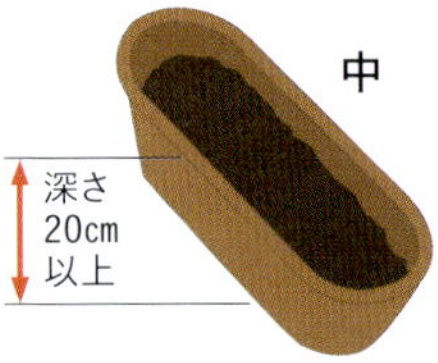

※本書では60cm×25cm×深さ20cmの容器に2株

1 ポット植え

根株を植えつける

①ミョウガの根株。芽が出ているところを確認し、3芽ずつになるように長さを切る。

②ポットに腐葉土を入れ、2、3本ずつ並べる。

③土を5cmくらいかぶせて、深植えにして鎮圧（P219）。水やりする。

2 コンテナ植え

芽が出た苗を移植する

①発芽して5〜10cmくらいになったものをコンテナに定植する。▼

②コンテナの土に穴を掘る。

③苗をポットからはずす。

④コンテナにそのまま植えつける。

POINT 追肥

草丈が20〜25cmになった頃、ぼかし肥か鶏糞をひとつかみ追肥する。

3 収穫

花が咲く前に収穫する

①株元のわきから、花茎が出てくる。

②完全に出て花が咲くと風味が落ちるので、ちょっと出たくらいの頃、掘って収穫する。

収穫後の管理

収穫が終わった秋、茎や葉が完全に枯れたら、茎を刈りとる。周囲の土を中耕し、ぼかし肥か鶏糞を追肥しておく。

乾燥させないように管理すれば、春にまた新しい葉がのびてくる。

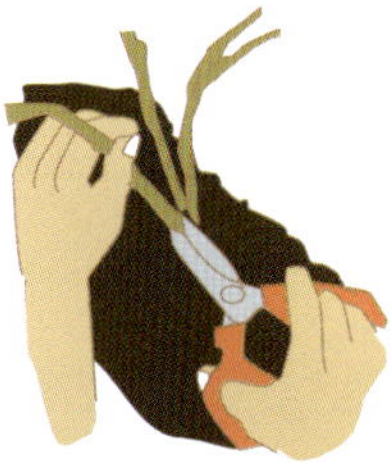

メキャベツ

アブラナ科

小さなわき芽が葉の間にたくさんつく

キャベツの変種でベルギーが原産。長い茎のわき、葉のつけ根部分に3cmほどの小さなキャベツのようなわき芽がたくさん実ります。ほかのアブラナ科の野菜同様に、アオムシやアブラムシがつきやすいので要注意。ビタミンCが豊富で、シチューや煮もの、バター炒め、サラダなどに。品種は、ファミリーセブン（サカタのタネ）など。

栽培のポイント
- 成長してきたら下のほうの葉やわき芽はかいて、風通しをよくする。
- ときどき増し土をして、根元が出ないようにする。

コンテナの大きさ：大
深さ25cm以上
※本書では50cm×30cm×深さ25cmの容器に2株

生育適温 18〜22度
発芽適温 15〜30度

栽培カレンダー（関東基準）
1　2　3　4　5　6　7　8　9　10　11　12
翌年　　　　　　　　　種まき・植えつけ・収穫

●種まき　▲植えつけ　■収穫

栽培難易度：ふつう
日当たり：十分な日照が必要

1 種まき

コンテナに点まきする

芽キャベツの種

種は直まきせず、ポットまきで育苗してもOK（P196）。

① 1か所につき5粒ずつ点まきする。複数株育てるときは株間を25cm以上あける。

② 覆土して、手でおさえて鎮圧（P219）。たっぷり水やりをする。

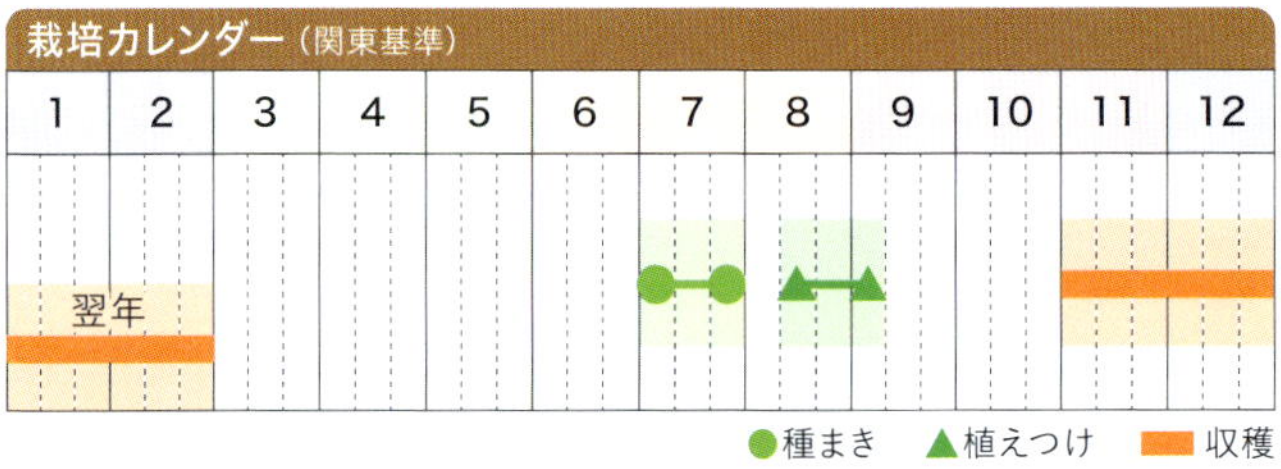

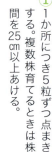

2 間引き①

元気な株を残していく

①発芽したら、双葉の葉がきれいにそろっているものを3、4本ずつ残して間引く。

▼

②本葉が2、3枚出た頃、元気な2、3株を残して間引く。

3 増し土

根元が出ないように土をたす

間引き後、根元が出ているようなら増し土をする(P204)。

芽キャベツの害虫

アブラナ科なので、寒くなる前までは、アオムシやヨトウムシがつきやすい。よくチェックし、見つけしだいとりのぞいておく。

4 間引き②・追肥

根元が出ないように土をたす

①本葉4、5枚の頃、元気な1株を残して間引く。

▼

②成長してきたら、ぼかし肥か鶏糞をひとつかみ追肥し、増し土する。

5 収穫

結球した芽をとる

①葉のつけ根に結球した芽キャベツができてくる。この頃、黄色くなった下のほうの葉はかき、芽キャベツを育てる。

▼

②3㎝くらいになったものから、収穫する。

独特のぬめりがあるエジプトからきた健康野菜

モロヘイヤ

シナノキ科

アフリカまたはインド西部原産で、とくにエジプトで古くから栽培されていたといわれています。ビタミンやミネラルが豊富なヘルシー野菜。葉を刻むと独特のぬめりがあり、スープやおひたし、天ぷらなどで食べるのがおすすめ。高温に強く丈夫なので、栽培は簡単。葉先をつみとっていけばわき芽がどんどん出てくるため、コンテナ栽培でも夏中収穫ができます。品種は1品種のみ。

栽培のポイント

- 苗から植えつけると育てやすい。
- 摘芯し、わき芽を収穫していくと、たくさん収穫できる。
- 低温に弱いので、日当たりのよい場所におく。

栽培難易度 やさしい

日当たり 十分な日照が必要

栽培カレンダー（関東基準）

	1	2	3	4	5	6	7	8	9	10	11	12
				●		▲▲	━	━	━			

●種まき　▲植えつけ　━収穫

発芽適温 25～30度

生育適温 20～30度

コンテナの大きさ 中

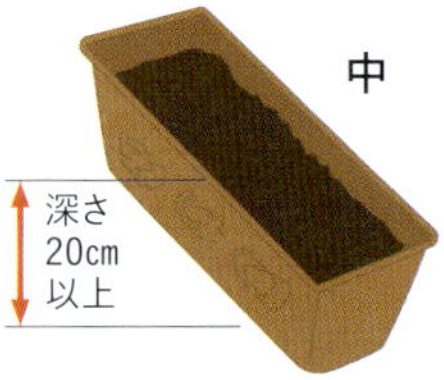

※本書では55cm×20cm×深さ20cmの容器に2株

1 植えつけ

市販の苗を定植すると簡単

①モロヘイヤの苗は本葉5、6枚で植えつける。

②苗を逆さにして、ポットからとり出す。

③根をくずさずに、そのまま植えつける。

④株間は25cm以上あける。植えつけ後、たっぷり水やりをする。

種まきして育てる場合

本葉4枚

双葉

ポットに2、3粒ずつまき、暖かい環境で育苗する（P196）。本葉が5、6枚になったらコンテナに定植しよう。

モロヘイヤの種

2 摘《てき》芯《しん》・中耕・追肥

摘芯でわき芽を出させる

① 草丈30㎝くらいになったら、摘芯（P206）。

摘芯後

② 摘芯の１週間後。わき芽がのびて茂ってきている。この頃、株のわきを中耕し、ぼかし肥や鶏糞をひとつかみ追肥するとよい。

3 収穫

使うたびごとに収穫する

① 先端の10～15㎝を切って、収穫していく。

② わき芽がどんどん伸びるので、夏の間はずっと収穫できる。

モロヘイヤの花と種

夏の終わりには黄色い花が咲き種がつくが、種には毒があるので食べないこと。種は、翌年の種まきに利用できる。

モロヘイヤの花

種の入ったサヤ

モロヘイヤの種

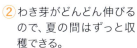

外葉を少しずつ収穫！ コンテナで育てやすい野菜

リーフレタス

キク科

丸く葉が巻かないタイプのレタスで、葉が赤みがかったサニーレタスと、葉がグリーンのグリーンカールがあり、コンテナ菜園向きの野菜です。レッドウェーブ（サカタのタネ）、レッドファイヤー・グリーンウェーブ（タキイ種苗）、エルシー・エルワン（自然農法国際研究開発センター）などの品種は、有機栽培向き。

春と秋に出回る苗を育てれば、植えつけから約30日で収穫でき、コンテナでも簡単です。

栽培のポイント

- 春と秋の2回、育てられる。
- 使う分だけ収穫し、ときどき追肥すると長く収穫できる。

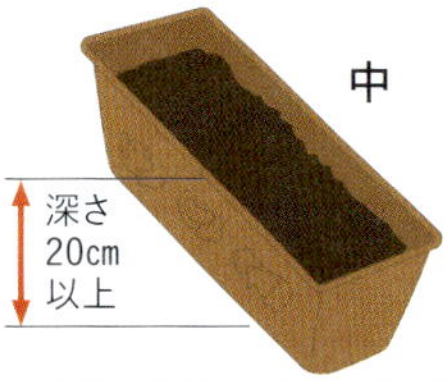

※本書では55cm×20cm×深さ25cmの容器に4株

コンテナの大きさ 中

生育適温 15〜20度

発芽適温 15〜20度

栽培カレンダー（関東基準）

	1	2	3	4	5	6	7	8	9	10	11	12
春まき		●	●	▲	■	■						
秋まき								●	▲	■	■	

●種まき ▲植えつけ ■収穫

栽培難易度 やさしい

日当たり 日照が十分な必要

種から育てるとき

種をまくときは、植えつけの3〜4週間前にポットに2、3粒ずつまいて育てる。春まきでは、暖かい場所で育苗（P196）し、暑い時期は風通しをよくして育苗する。

① レタスの種は好光性（発芽に光を必要とする）なので、覆土は薄めにする。

▼

② 元気な株1、2本を残して育苗する。

1 苗選び

元気に育っているものを選ぶ

グリーンカール（上）、サニーレタス（下）の苗。

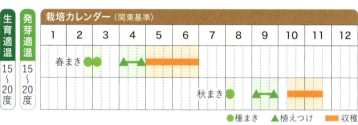

2 植えつけ

本葉5、6枚の苗を定植する

① 苗をポットから出す。

② 根をくずさずにコンテナに植えつける。

③ 株間は10〜15㎝程度とり、たっぷり水やりをする。

3 追肥

株間に追肥する

植えつけから2週間後、液肥またはぼかし肥か鶏糞をひとつかみまく。

4 収穫

植えつけ後、少しずつ収穫

① 株が大きくなってきたら、葉を1枚ずつ切って収穫。葉がまかないので、使う分だけ収穫できて便利。

② 株の直径が20〜25㎝になったら株ごと収穫してもOK。コンテナにおきすぎると中心から茎が硬くなってきたり、とう立ちするので、様子を見てやわらかいうちに収穫するとよい。

新鮮なシャキシャキレタスをコンテナ栽培で！

レタス

キク科

葉が巻くタイプのレタスで、しっかり結球するものと、ゆるく結球するものがあります。レタスは春と秋に育てられ、害虫が少ないので、コンテナで育てやすい野菜です。しっかり結球させたいなら、大きなコンテナで育て、追肥をしながら、たっぷり日光に当てましょう。

玉レタスのシスコ（タキイ種苗）、リバーグリーン（サカタのタネ）などは、有機栽培でも育てやすい品種です。

栽培のポイント

- ■春と秋に育てられるが、涼しい気候を好むので秋まきがつくりやすい。
- ■市販の苗を購入して育てると簡単に栽培できる。

栽培難易度

ふつう

日当たり

半日陰でも育つ

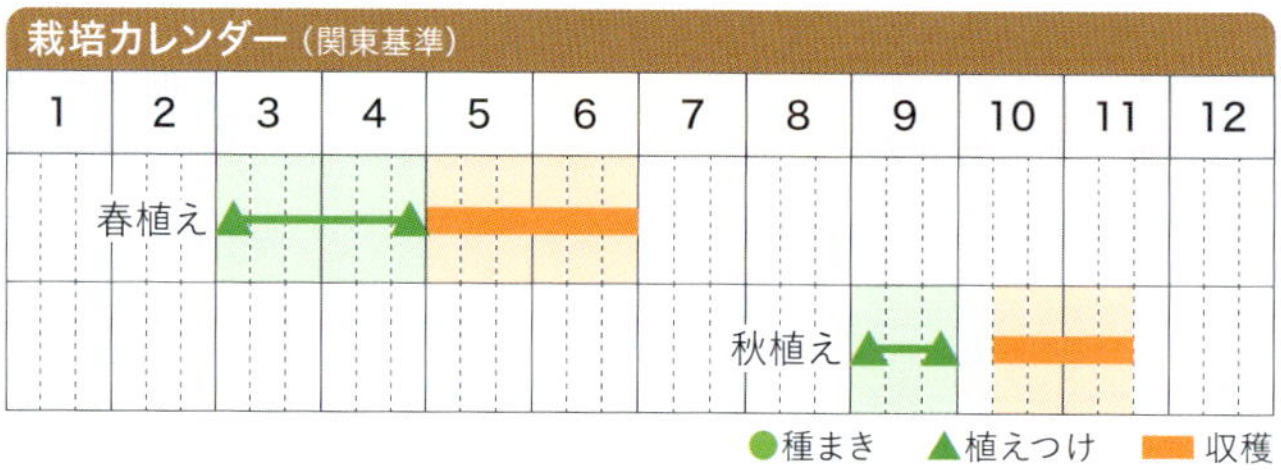

栽培カレンダー（関東基準）
1
2
3
4
5
6
7
8
9
10
11
12
春植え
秋植え
●種まき
▲植えつけ
収穫

発芽適温 15～20度

生育適温 15～20度

コンテナの大きさ 大

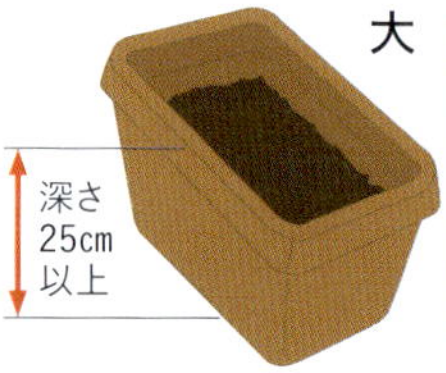

※本書では50cm×30cm×深さ25cmの容器に2株

1 植えつけ

本葉5、6枚の頃に植えつける

①レタスの苗は、ポットをはずす。

②根をくずさないように、掘った穴に植えつける。

③2株以上植える場合は、株間を25cmほどとる。植えつけ後は水をたっぷり与える。

レタスの害虫

レタスは害虫が少ない野菜だが、アブラムシやハモグリバエの被害（葉に線を描く）を見つけたら、葉をつみとって処分する。ヨトウムシやナメクジにも注意しよう。

害虫を見つけたらとりのぞく。

種をまいて育てるとき

種からまくなら植えつけ期の3〜4週間前に、ポットまきで育苗する。春まきは暖かい環境で育てる（P196）。秋まきでは、種まきの前に種を冷やし、休眠を打破してからまくとよい。

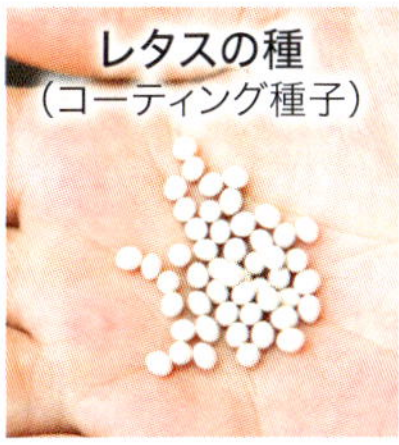

レタスの種
（コーティング種子）

秋まきの場合は、布に包んで吸水させて、冷蔵庫にひと晩入れてからまくとよい。

2 追肥

株間に追肥する

植えつけから2週間後、液肥または、ぼかし肥か鶏糞をひとつかみまく。

3 収穫

固くまいてきたら収穫する

①コンテナ栽培では、使うごとに数枚ずつ、収穫してもOK。

②植えつけてから50～60日後、葉がまいてきたら収穫期。中心をさわり固くしまっていたら、株元を切って収穫。

レタスが巻かないときは？

うまく結球しないときは、コンテナが小さい、日照時間が少ないなどの原因が考えられる。生育温度が適していないときも、結球しにくくなるが、食べるには問題ない。

植えたら追肥するだけで次々に収穫できる！

ワケギ

ヒガンバナ科

「根元から分ける」という意味から、ワケギと名がついたネギの変種です。根元が太くラッキョウなどのように球根状になっているのが、ネギとはちがうところ。土寄せをしないで緑の葉を育て、地上部を葉ネギのように食べます。
種球を植えつけて栽培するため発芽もしやすく、つくりやすい野菜です。

栽培のポイント

- ■肥料好きなので追肥はたっぷりとやる。
- ■4～5月まで根元を土の中に残し、種球をとることもできる。

栽培難易度　やさしい

日当たり　十分な日照が必要

栽培カレンダー（関東基準）

	1	2	3	4	5	6	7	8	9	10	11	12
植えつけ								▲	▲			
収穫										■	■	
翌年収穫			■									

▲植えつけ　■収穫

生育適温　15～25度

コンテナの大きさ　中

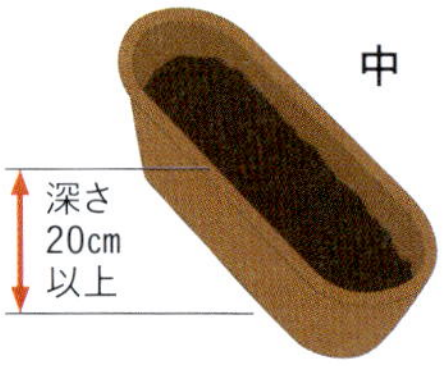

※本書では60cm×25cm×深さ20cmの容器に1列

1 植えつけの準備

種球を1個ずつに分ける

①ワケギの種球。

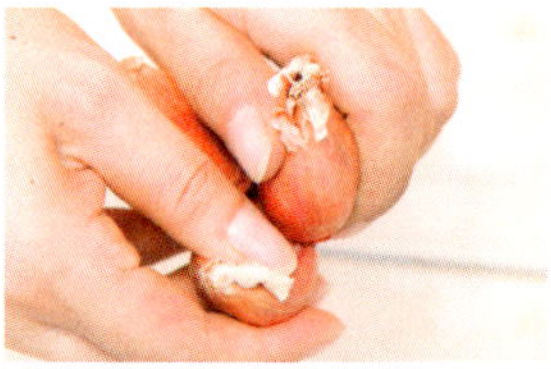

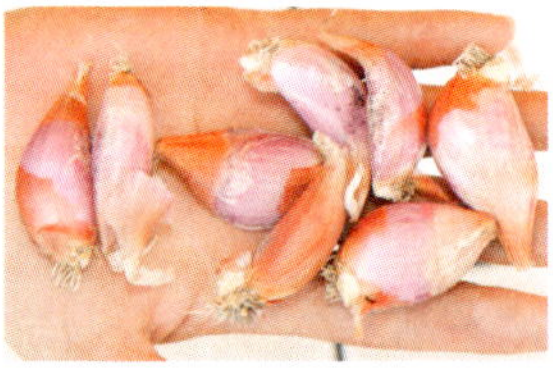

②種球を1個ずつにほぐして外皮をむく。

2 植えつけ

種球をコンテナに植えつける

種球を2、3個ずつ5cm間隔で、先端が見える程度に浅めに植える。植えつけ後はたっぷり水やりをする。

3 追肥

成長を見て追肥する

①約1週間後。すでに10㎝ほど芽が出ている。

②葉が15㎝ぐらいになった頃、ぼかし肥か鶏糞をひとつかみ株元にまく。

4 収穫

数回、収穫できる

①長くのびているところから、葉が分岐している上で切って収穫。使う分だけ収穫できるので便利。

②前回の収穫から2週間後。すでにのびてきている。何回か収穫できる。収穫後は追肥しておくとよい。

春の収穫

寒くなると枯れるが、春にまた芽が出て収穫できる。球根も掘り上げて食べられる。球根を種球にする場合は、初夏に枯れたら掘り上げて乾燥させて箱などで保存。夏から秋に植えつけよう。

コンパニオンプランツで病害虫を防ごう②

キュウリ＋ネギ

ネギ特有の微生物がウリ科の害虫を予防

コンパニオンプランツには、植物と共生する微生物の働きを利用したものがあります。例えばキュウリをはじめ、カボチャやマクワウリなど、ウリ科の野菜と相性がよいのが、ネギ科の野菜。ネギがもつ微生物には、ウリ科の野菜の病気を防ぎ、害虫を忌避する効果があります。ウリ科の野菜を植えつけする際に、ネギの根をからませて一緒に植えましょう。

キュウリ＋ネギの植え方

1 キュウリとネギの苗を用意する。今回はキュウリ２株、ネギは５株用意。キュウリ、ネギともに品種は問わないため、好みのものを植えつける。

2 植えつけ前に、ネギの葉の先端３分の１ほど切り落としておいてもよい。先端を切ると根張りがよくなり、苗が丈夫に太く育つ。

3 ネギ２株を２方向に分けて植え穴に入れる。なるべく根を広げながら入れるようにする。

4 **3**の植え穴にキュウリの苗を植え、土を寄せて固定する。

5 同様にもう一組植えつける。

6 キュウリは支柱を立てて育てる。

7 キュウリ、ネギ、ともに適期に収穫する。

Part
3

コンテナで
根野菜・イモ類

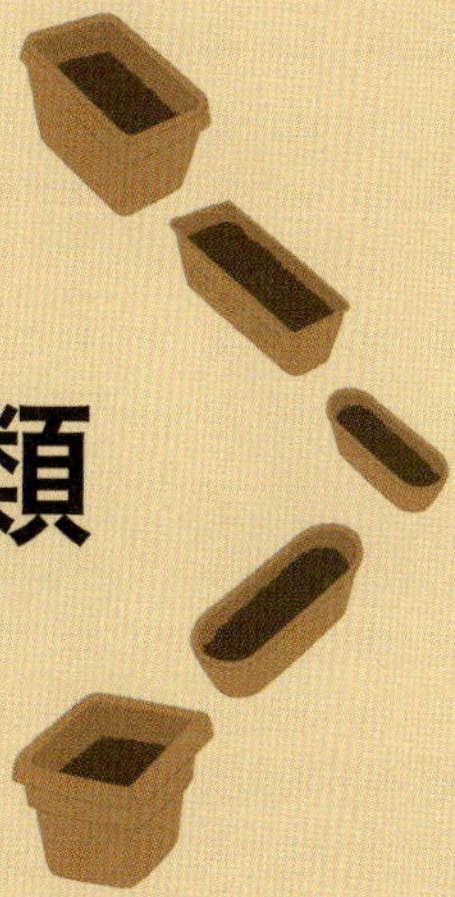

虫の出にくい秋まきなら収穫も確実！

カブ

アブラナ科

カブは暑さに弱いので、一般地では9月以降にまく秋まきが、虫の心配も少なくてつくりやすいでしょう。移植はできないので、種をまいたら間引きしながら大きくしていきます。葉と根にはビタミンCを含み、特に葉にはビタミンKやβ-カロテンなどが豊富。

耐病ひかり・スワン（タキイ種苗）、玉波・たかね・あやめ雪（サカタのタネ）など、小カブから中カブの品種がおすすめです。

栽培のポイント

- 秋まきは、夏の暑さが過ぎてから種まきを。
- 発芽してから少しずつ間引き、最終的に株間が5、6cmになるようにする。
- 葉にアブラムシやアオムシがいたら、すぐにとりのぞく。

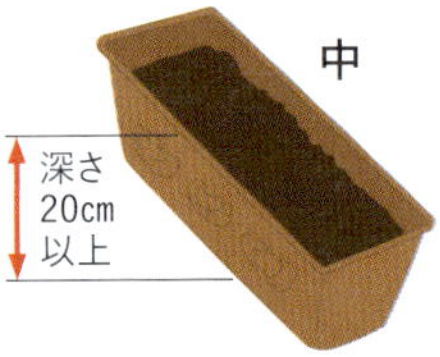

※本書では55cm×20cm×深さ25cmの容器の中央に1列

コンテナの大きさ　中

生育適温　15〜25度

発芽適温　15〜25度

栽培カレンダー（関東基準）

	1	2	3	4	5	6	7	8	9	10	11	12
春まき				●種まき	■収穫	■収穫						
秋まき									●種まき		■収穫	■収穫

●種まき　■収穫

栽培難易度　やさしい

日当たり　十分な日照が必要

1 種まき

種が重ならないようにすじまきする

① コンテナ中央に深さ約1cmでまきみぞをつくる。

② 種が重ならないようにすじまきする。

③ 軽く土をかけて手でおして鎮圧する（P219）。発芽まで約1週間。

カブの種
（種子消毒あり）

2 間引き

生育を見て何度か間引く

①本葉が出てきた頃に1回目の間引き。葉が重ならないように間引く。

②成長に応じて、2回目の間引き。

③3回目の間引き。

④最終的には株間を5、6㎝にして根を大きく育てる。

⑤間引きカブもおいしく食べられる。

POINT
追肥

本葉が5、6枚になった頃から、2週間に1回のペースで追肥。液肥か鶏糞、ぼかし肥を与える。

3 収穫

直径5～6㎝くらいが収穫どき

カブの直径が5～6㎝くらいになったら、大きくなったものから収穫。株元を持って、上に引き抜く。

短い品種を選べばコンテナでもＯＫ

ゴボウ（ミニゴボウ）

キク科

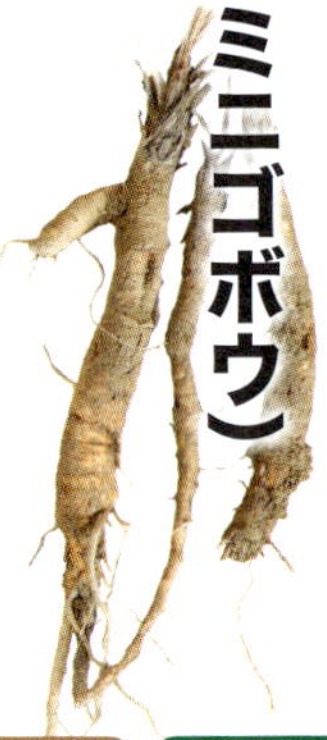

食物繊維が豊富で腸を整えてくれる健康野菜。間引きのほかはとくに手間をかけることもなく簡単です。コンテナでつくるには、新ゴボウ、サラダゴボウなどと呼ばれる短いタイプがよいでしょう。

品種は、新ごぼう（日光種苗）、サラダむすめ（タキイ種苗）など。深いコンテナがあれば、在来種の大浦太牛蒡（野口種苗）などに挑戦してみましょう。

栽培のポイント

■種まきのあとは薄く土をかけ、強めに鎮圧する（P219）のがコツ。
■深めのコンテナで栽培する。
■根菜は移植に向かないので、直まきで間引いていくとよい。

栽培難易度 ふつう

日当たり 十分な日照が必要

栽培カレンダー（関東基準）

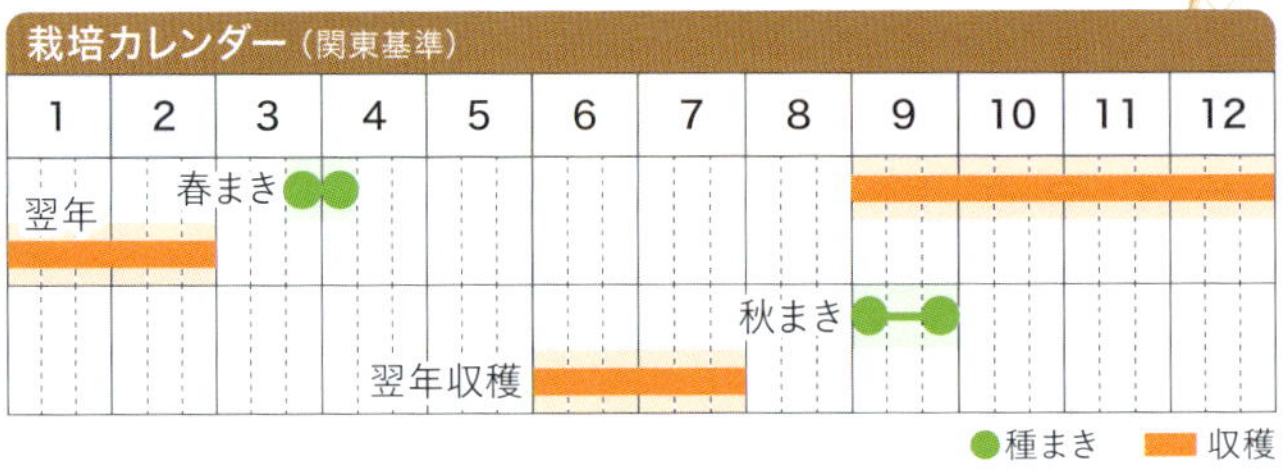
1
2
3
4
5
6
7
8
9
10
11
12
春まき
翌年
秋まき
翌年収穫
●種まき ■収穫

発芽適温 20～25度

生育適温 20～25度

コンテナの大きさ

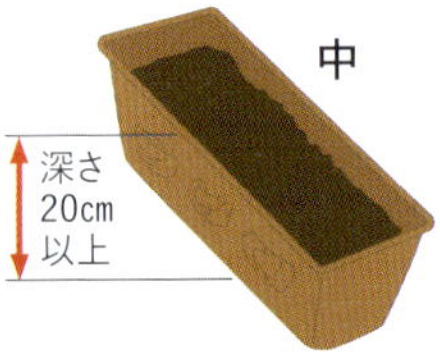
中
深さ20cm以上

※本書では55cm×20cm×深さ25cmの容器に3株

1 種まき

5点まきして強く鎮圧する

ゴボウの種

①1か所に5粒ずつ点まきする。株間は10～15cm。

②種の上に、薄く土をかける。

▼

③板や手で強くおして鎮圧（P219）。底から水が流れ出るまで水やりをする。

2 間引き

最終的に1か所2本に間引く

①ゴボウの双葉。

②種まきから約1か月後。本葉が出はじめた頃、1回目の間引き。

③元気な株を選び、3本を残して間引き。ハサミで根元を切ってもよい。

④本葉が多くなり葉が重なってきたら、さらに元気な1本を残して間引く。この頃、1回目の追肥。株のまわりに鶏糞かぼかし肥をひとつかみ追肥する。

3 土寄せ・追肥

葉が茂ってきたら追肥

夏場に向けて葉が茂ってくる。移植ゴテで中耕し、2回目の追肥をし、土寄せや増し土をする（P204）。

ゴボウの病害虫

葉にアブラムシがつきやすいので、こまめにチェックし、見つけたら駆除。うどんこ病も多いので、風通しをよくし、日当たりをよくすることで予防しよう。

4 収穫

折らないように引き抜く

新ゴボウは種まきから3か月ほどで収穫できる。株元をしっかり持ち、まっすぐ引き抜くように収穫する。

苗を植えれば簡単！　大型コンテナで挑戦

サツマイモ

ヒルガオ科

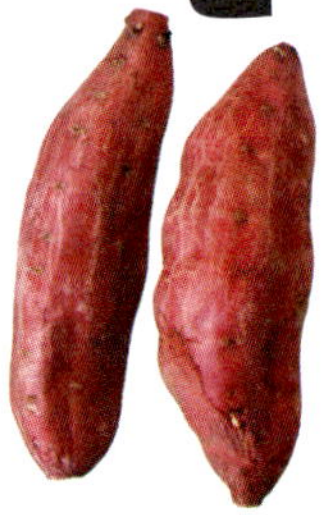

サツマイモは「挿し穂」と呼ばれる根を出させた苗か、種イモを伏せ込んで育苗した苗から栽培します。大きなコンテナに植えつけて、しっかり根づかせれば、収穫まではあまり手間はかかりません。肥料などはやらずに、放任栽培で育てましょう。

品種は、関東83号・べにあずま・鳴門金時（サカタのタネ）などのほか、在来種の安納イモ・種子島紫（金太郎倶楽部）など。

栽培のポイント

- ■根出しした挿し穂を買って植えつけると簡単。
- ■のびてきたつるは、ときどき根をはがすようにつる返しをする。
- ■肥料をやりすぎると葉ばかり茂ってイモが大きくならない。

栽培難易度　やさしい

日当たり　十分な日照が必要

栽培カレンダー（関東基準）

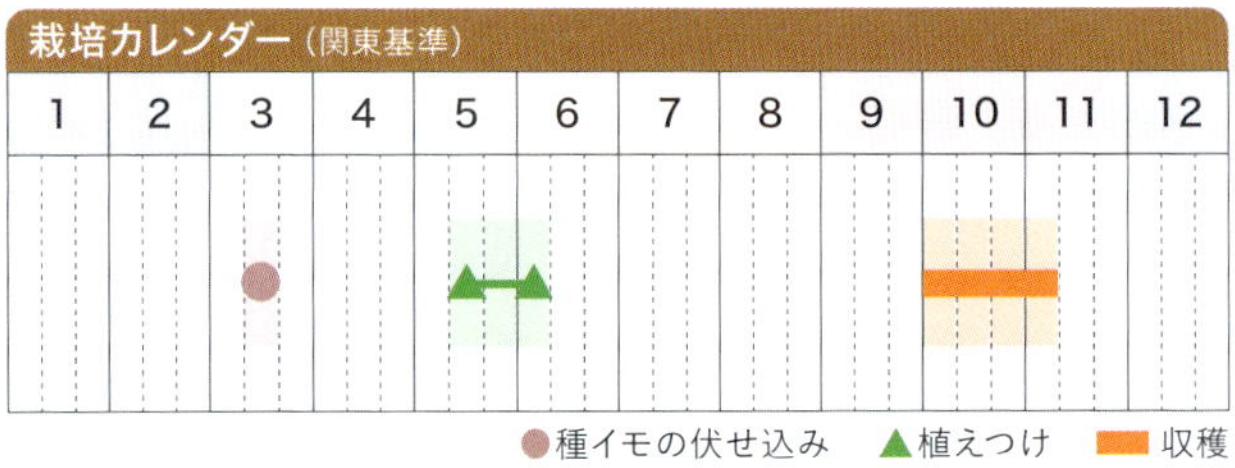

1 2 3 4 5 6 7 8 9 10 11 12
●種イモの伏せ込み
▲植えつけ
収穫

発芽適温　25〜30度

生育適温　25〜30度

コンテナの大きさ　特大

※本書では65cm×40cm×深さ30cmの容器に2株

1 種イモの伏せ込み

種イモを伏せ込み

①種イモの両はしを直径2cmの切り口になるくらい切り落とす。

②コンテナに腐葉土を入れ、種イモが少し顔を出すくらいに伏せ込む。

POINT　保温して育てる

種イモを植えたコンテナは、ビニールをかけて日が当たる場所におくか、保温して育てる(P196)。

2 苗づくり

種イモから植えつけ用の苗をとる

① 苗が大きくなるまで、暖かくして育てる。

② 葉が8、9枚になったところで、下の1、2節を残して苗切りする。

③ ビニールをしいた容器に苗を立てて日陰におき、2日に1回ジョウロで水やりして発根を促す。

3 植えつけ

挿し穂を植えつける

① 約1週間で根が出る。市販の挿し穂は、この状態で売られている。

② 大きく深いコンテナを準備。苗をななめにして、上だけを出して深く植えつける。

③ 茎が地面と水平になるように横にして植えるのがポイント。

④ 成長点があるので、ここが土の上に出るようにする。

4 つる返し

土に根づいたところをはがすように返す

① 挿し穂が根づくと、次第につるがのび葉が茂ってくる。

② 外にのびたつるを、一度コンテナに入れる。

③ つるを入れて1週間もすれば、新たに根をはっている。

④ つるを持ち、根をはがすようにもち上げる。このつる返しをすることで、葉ではなく、地中のイモに栄養がいく。

⑤ 植えつけから約2か月頃。葉がどんどん茂ってくる頃、またつる返しと、増し土をし（Ｐ２０４）、つるをコンテナに戻す。

5 収穫

秋になったら収穫する

① 10月以降、葉が枯れはじめた頃が収穫期。

② つるがじゃまなので、株元で切ってとりのぞく。

③ 土を少し掘ってから、土ごと全部出してイモを収穫する。

いろいろなサツマイモ

ベニアズマ

関東地方でよく育てられていて、どんな料理にも合う。

安納《あんのう》イモ

甘くてねっとりした味が人気の鹿児島種子島地域の在来種。

種子島《たねがしま》紫イモ

皮は白いが中は紫色。お菓子づくりなどに。

水切れに気をつけて栽培しよう

サトイモ

サトイモ科

東南アジアが原産のサトイモは、米よりも前に日本に伝わったといわれます。葉は観葉植物のように美しく、ベランダ菜園では、鉢植えとしても楽しめるでしょう。乾燥に弱いので、水切れしないように注意が必要ですが、根ぐされには要注意。大きいコンテナで栽培しましょう。

品種は、土垂《どだれ》、八ツ頭のほか、石川早生《いしかわわせ》・大野イモ（サカタのタネ・タキイ種苗）など。

栽培のポイント

- 水切れしないよう、水やりを十分に行なう。
- 水はけのよい土を使い、根ぐされをしないように。
- 大きなコンテナで増し土をして、イモを大きく育てる。

コンテナの大きさ 大

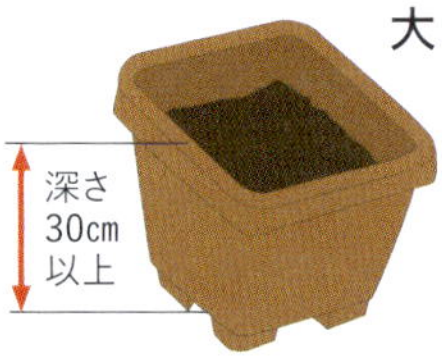

※本書では35cm×35cm×深さ30cmの容器に1株

生育適温 25～30度

栽培カレンダー（関東基準）

	1	2	3	4	5	6	7	8	9	10	11	12
植えつけ				▲								
収穫										■	■	

▲植えつけ　■収穫

栽培難易度 ふつう

日当たり 十分な日照が必要

ポットで育苗する場合

種イモをポット植えして、暖かい環境で育てると、芽出しがうまくいきます。

① 種イモは、芽が出ているほうを上にして、ポットに植え、暖かい場所におく。

② 芽がのびてきたら、コンテナに植えつけよう。

1 植えつけ

種イモをコンテナに植えつける

① 種イモは芽が出はじめている部分を上にして植えつける。

② 軽く土がかぶるくらいに植え、たっぷり水やり。発芽するまで乾燥させないよう注意。

2 増し土

ときどき土を入れて増し土する

①植えつけの約1か月後。株が育ってくる。

②株が育ってきたら、周囲を移植ゴテで中耕し、茎の下のほうが埋まるように増し土する。中耕と増し土（P204）は、2、3回行なうとイモがよくつく。

サトイモの害虫

夏の暑い時期、害虫がつくことがあるので葉をチェックし、見つけたらとりのぞく。多少は害虫に葉を食べられてもイモはつく。

サトイモの葉を食べるセスジスズメの幼虫。

3 収穫

葉が枯れてきたら収穫する

①秋に葉が枯れてきたら、霜が降りる前に収穫。

②コンテナの側面をたたき、サトイモの株を土ごととり出す。

③根の間の土を洗い落とし、イモを収穫。乾燥させて風通しのよい場所で保存。

イモ掘りの楽しさをおうちで！

ジャガイモ

ナス科

ベランダでも、土がたっぷり入る大きなコンテナや麻袋、土のう袋などを使えば、ジャガイモの栽培が可能です。つくり方は意外に簡単。芽かきと増し土の世話さえすれば、あとは収穫を待つだけ。最近は、さまざまな品種の種イモが出回っているので、いろいろつくって食べ比べてみるのもいいでしょう。

品種は、男爵、メークインのほか、キタアカリ、シンシア、ベニアカリ、アンデス赤など。

栽培のポイント

- 深さが十分ある容器で栽培する。春ジャガのほうがつくりやすい。
- 後から増し土をするので、はじめは土を少なめにして植えつける。
- 新しくついたイモが土から出ないよう、増し土をしていくことが重要。

栽培難易度　ふつう

日当たり　1日5時間以上

発芽適温　15〜20度

生育適温　15〜23度

コンテナの大きさ　大

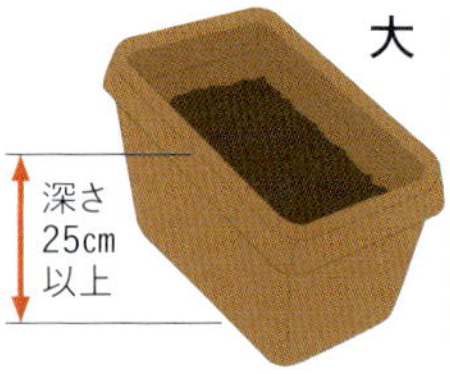

※本書では50cm×30cm×深さ25cmの容器に2株

栽培カレンダー（関東基準）

	1	2	3	4	5	6	7	8	9	10	11	12
春ジャガ			▲植えつけ			収穫	収穫					
秋ジャガ									▲植えつけ		収穫	収穫

▲植えつけ　■収穫

1 種イモの準備

植えつけ前に種イモを切る

①種イモ。左がシンシア、右がベニアカリ。

②種イモはへそと呼ばれるつるがつながっていた部分を切り落とす。

③へそを切り落とした種イモをさらにたて半分に切り、切り口を半日から1日おいて乾かす。左がシンシア、右がベニアカリ。

2 植えつけ

容量の大きなコンテナを準備

①大型の容器に、土を深さ3分の2くらいまで入れ、水やりして土を湿らせてから、種イモの切り口を上にして植える（切り口を下にして植える方法もある）。

②種イモの上、約10㎝まで土をかぶせて鎮圧。植えつけ直後の水やりはしない。

③発芽までは時間がかかるが、イモが腐ったりしなければ芽が出てくる。植えつけから40日後の状態。

3 わき芽をかく

2本を残して、わき芽をかく

①草丈が10㎝以上になったら、立派な茎を2、3本残してほかの茎を抜く。残す茎を決める。

②根元をおさえて、茎を引っぱってぬく。この作業で茎を減らすことで、より大きなイモがつくようになる。

4 追肥・増し土

3回に分けて増し土をする

①新しいジャガイモは、種イモの上につくので、何回かに分けて増し土(P204)をする。

②わき芽をかいた後、1回目の増し土をする。

③葉が茂ってきた頃、株元に鶏糞かぼかし肥を追肥し、2回目の増し土をする。

④花が咲く頃、3回目の増し土。

ジャガイモの害虫

葉に害虫がつきやすいので、見つけたらとりのぞいておこう。

ニジュウヤホシテントウ

ハムシの仲間

日光とジャガイモ

ジャガイモは、土から出て太陽の光を浴びると、その部分が緑化します。緑化したイモは有毒物質を含むので、食べるときは注意が必要。イモが地上に出ないように、しっかり増し土をしましょう。

5 収穫

葉が枯れたらイモを掘り上げる

①葉が枯れてきたら収穫どき。

②土を掘って、イモを掘り上げる。

③収穫したイモは、茎や根、まわりについた土をとりのぞき、新聞紙などに広げて乾かす。左がシンシアで右がベニアカリ。

POINT ジャガイモの保存

収穫したジャガイモは、すぐに洗わないこと。土をだいたい落としたら風通しのよい場所で乾かして、傷や虫食いのあるものはとりのぞき、そのまま冷暗所におこう。新聞紙などに包んでおくだけで長期間保存できる。

新鮮なショウガは香りも最高

ショウガ

ショウガ科

薬味として辛みと香りを楽しむショウガは、あると便利な香味野菜。熱帯アジア原産で暑さに強く、寒さには弱いため、春まきで秋にかけて育てます。種ショウガを植えたら、ほとんど管理の手間はなく、水切れさせなければ収穫できるでしょう。

いろいろな品種があり、三州ショウガ・金時ショウガ（サカタのタネ・タキイ種苗）、谷中ショウガ（サカタのタネ）など。筆ショウガ、葉ショウガ、根ショウガを楽しみましょう。

栽培のポイント

- ■高温多湿を好むので、水切れしないよう注意する。
- ■根ショウガを収穫する場合は、冬に霜が降りる前に行なうこと。

栽培難易度 ふつう

日当たり 半日陰でも育つ

栽培カレンダー（関東基準）

1	2	3	4	5	6	7	8	9	10	11	12
			▲植えつけ	▲植えつけ		収穫（葉ショウガ）	収穫（葉ショウガ）		収穫（根ショウガ）	収穫（根ショウガ）	

▲植えつけ　■収穫

生育適温 25～30度

コンテナの大きさ 中

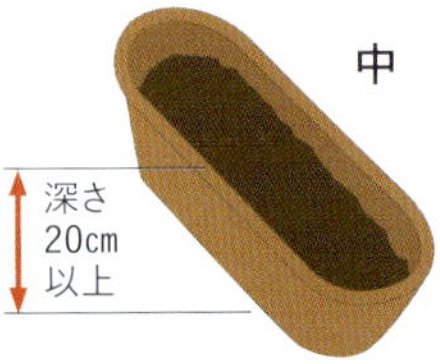

※本書では55cm×20cm×深さ25cmの容器に3株

1 ポットに植える

種ショウガを植える

①種ショウガ。写真は三州ショウガ。種ショウガが大きいようなら、適当な大きさに手で割る。1個50g程度が目安。

②ポットで育苗して、芽が出てからコンテナに植えると成功しやすい。種ショウガをポットに植え、暖かい場所で発芽させる。

POINT 追肥・増し土

草丈10cmの頃、鶏糞かぼかし肥を株元にひとつかみ追肥し、増し土しておく(P204)。

2 コンテナに植えつけ

芽がのびたら定植

① 芽が成長してきたらコンテナに植えつける。

② ポットから出し、そのまま根をくずさずに植えつける。

③ 株間は20cm程度。植えつけたら水やりをする。

コンテナに種ショウガを直接植えるとき

① 5月に入り、気温が上がってきてから、芽を上にしてコンテナに植えつけ。

② 覆土して鎮圧(P219)し、水やりをして芽が出るのを待つ。株間は20cm程度。

3 収穫

夏に葉ショウガや新ショウガを収穫

① 葉が7、8枚になったところで、掘り起こして葉ショウガや新ショウガを収穫。

② 葉ショウガの収穫後は、さらに追肥をして、秋までおくと根ショウガが収穫できる。根ショウガの下には種ショウガがあり、これも利用できる。

発芽までの世話が成功のポイント！

ニンジン

セリ科

英語のcarrotがカロテンの語源であるように、ニンジンのオレンジ色はカロテンの色。家庭菜園なら新鮮なので生でサラダにしてもOK。栄養たっぷりの葉は天ぷらなどに。ニンジンは発芽率が低いので発芽まで水切れしないようにするのが、栽培を成功させるポイント。コンテナでは、3寸や5寸ニンジンのほか、ミニニンジンもおすすめ。

黒田五寸・子安三寸（野口種苗）、恋ごころ・ピッコロ（タキイ種苗）、ベビーキャロット（サカタのタネ）など。

栽培のポイント

- コーティングされていない種の場合は、ひと晩浸水させてから植えると発芽しやすい。
- すじまきをして、発芽するまで水分をたっぷり与える。
- 春まき、夏まきができるが夏まきがつくりやすい。

栽培難易度 ふつう

日当たり 十分な日照が必要

栽培カレンダー（関東基準）

	1	2	3	4	5	6	7	8	9	10	11	12
春まき			●種まき				収穫	収穫				
秋まき	収穫（翌年）	収穫（翌年）	収穫（翌年）				●種まき	●種まき		収穫	収穫	収穫

●種まき　■収穫

発芽適温 15～25度

生育適温 18～21度

コンテナの大きさ 大

※本書では55cm×20cm×深さ25cmの容器に2列

1 種まき

すじまきしてたっぷり水やり

ニンジンの種

ピッコロ（左）と恋ごころ（右・コーティング種子）

① コンテナに深さ約1cmのまきみぞをつける。コンテナが大きい場合は2列にする。

② すじまきして、指先で薄く覆土。ニンジンは発芽に光が必要なので、ごく薄めに。

③ 強めに鎮圧し（P219）、たっぷり水やり。発芽するまで乾燥させせないようにすること。

2 間引き・追肥

間引きながら育てる

① 1週間から10日ほどで双葉が出る。

② 本葉2枚くらいになったら、株間が指2本になるように間引く。

③ 草丈が20㎝以上に成長。抜いてみて根が10㎝くらいになっていたら2回目の間引き。株間をこぶし1個分あける。

④ 間引いた葉も食べられる。

⑤ 2回目の間引きのあと、株の外側にひとつかみの堆肥をまき、中耕する(P204)。

ニンジンの害虫

キアゲハの幼虫が葉を食害するので、見つけたらとりのぞく。

3 収穫

種まきから約80日で収穫

① 品種により収穫期はちがうので、間引きをかねて収穫してみるとよい。

② 株元を少し掘って、引き抜くようにする。

③ 恋ごころ(右)とピッコロ(左)。

耐寒・耐暑性に優れ、ほぼ1年中収穫可能

ビーツ

ヒユ科

ロシア料理のボルシチに使われることで知られるヨーロッパ原産の根菜。鮮やかな赤い色素はポリフェノール・ベタシアニンで、高い抗酸化作用があります。品種は、根が黄金色になり、やわらかく甘い味のゴールデンビーツ（トーホク）や、丈夫でつくりやすく、サラダにもスープにも使えるデトロイト・ダークレッド（タキイ種苗）など。

春まきと秋まきができますが、初心者は秋まきのほうがおすすめです。

栽培のポイント

- ■低温になるとトウ立ちして花芽がついてしまうので、春まきは保温をして育てるとよい。
- ■収穫時期を逃すと、根が硬くなって筋が入り、食感が悪くなる。適期に収穫することが大切。

栽培難易度　やさしい

日当たり　十分な日照が必要

栽培カレンダー（関東基準）

	1	2	3	4	5	6	7	8	9	10	11	12
春まき			●	●		■	■					
秋まき									●	●	■	■

●種まき　■収穫

発芽適温 20～25度

生育適温 15～25度

コンテナの大きさ

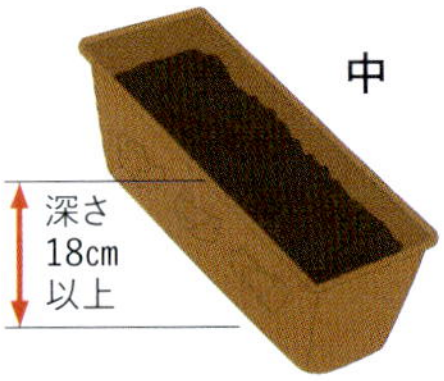

※本書では21cm×48cm×深さ18cmの容器に3株

1 種まき

コンテナにすじまきする

①コンテナに深さ約1cmのまきみぞをつける。

②種を2、3cm間隔にすじまきする。

③指先で軽く土をつまんで覆土する。

④手で鎮圧し、その後たっぷり水やりする。

ビーツの種

皮が硬いため、布に包みひと晩水につけておくと発芽率が上がる。

2 間引き

本葉2～3枚で間引きする

①本葉が2～3枚になったら間引きする。間引き菜はベビーリーフとして食べられる。

②2回目の間引きで株間を7～8㎝にして、収穫まで育てる。

ビーツの病害虫

アブラムシやヨトウ類などが食害するので、見つけたら捕殺する。

POINT 追肥

2回目の間引きをしたところで、ぼかし肥などをひとつかみ株元に追肥する。

3 収穫

種まきから60～80日で収穫

①根の直径が5～7㎝になったら収穫適期。

②株元を持って引き抜いて収穫する。

栄養豊富な根の部分を食べる

ヤーコン

キク科

南米アンデス原産の根菜で、サツマイモのような形にふくらむ根の部分を食べます。低カロリーでβ-カロテン、ミネラルが豊富で、整腸作用や血糖値を下げる効果があることでも注目の新顔野菜です。生で食べるとナシのようなシャキシャキ感があり、サラダなどに最適。炒めものや煮もので食べてもOK。品種は1品種です。

栽培のポイント

■株が大きくなるので、深く大きいコンテナに植えつける。
■植えつけは、十分に気温が上がってからするのが成功のコツ。

栽培難易度 ふつう

日当たり 十分な日照が必要

栽培カレンダー（関東基準）

1	2	3	4	5	6	7	8	9	10	11	12
			▲	▲						■	

▲植えつけ ■収穫

発芽適温 17〜23度

生育適温 20〜25度

コンテナの大きさ 大

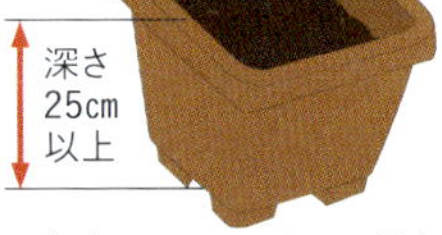
深さ
25cm
以上

※本書では35cm×35cm×深さ30cmの容器に1株

1 植えつけ

種イモを植えつける

①ヤーコンは種イモを植えつける。

②１株が大きく育つので、できるだけ大きいコンテナに植えること。芽が出はじめているところを上にして植えつける。芽がかぶるくらいに覆土して、手でおさえて鎮圧（P219）し、水をたっぷり与える。

2 追肥・増し土

成長に合わせて追肥する

①植えつけから約1か月後。日当たりのよい場所で、水を切らさないように育てる。

②夏になると急激に大きくなってくる。この頃、ぼかし肥か鶏糞をひとつかみまいて追肥し、増し土をするとよい（P204）。

3 収穫

根を確認してから収穫する

①11月、葉が枯れてきた頃、少し掘って根が太っているか確認してから、掘り上げる。

②大きなコンテナに出すなどして、折らないように気をつけて収穫する。

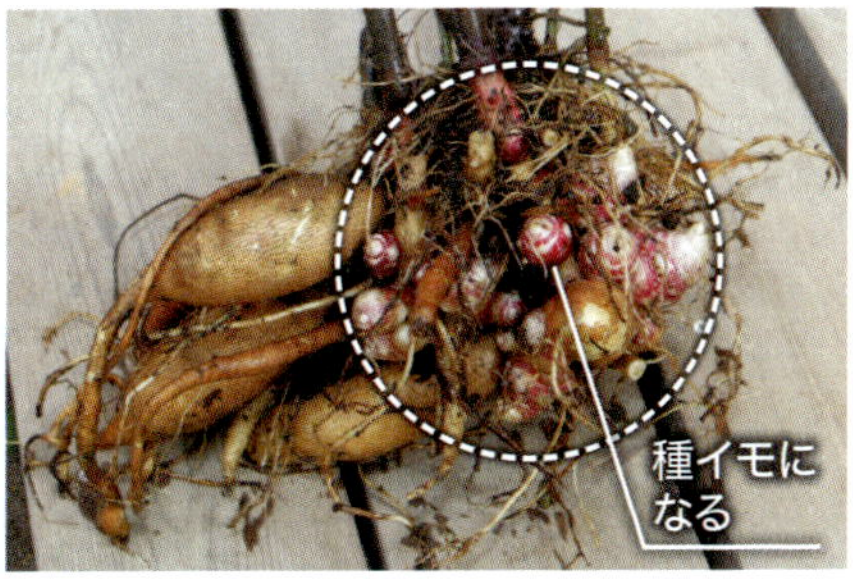

③赤い部分は種イモとして、翌年の植えつけに利用できる。

かわいい根菜が短期間でとれる「二十日ダイコン」

ラディッシュ

アブラナ科

見た目は小さなカブのようですが、実はダイコンの仲間。場所もとらず短期間で栽培できるので、コンテナ菜園初心者におすすめです。真夏と真冬以外は栽培可能で、すじまきして間引きながら育てます。生でサラダやピクルスにしたり、煮ものや炒めものでもおいしく食べられます。

品種はフレンチ・ブレックファスト（タキイ種苗）、レッドチャイム・カラフルファイブ（サカタのタネ）など。

栽培のポイント

- 植え替えには向かないので、直まきし、間引きしながら育てる。
- 収穫期を過ぎると味が落ちるので、大きくしすぎないように収穫する。

栽培難易度　やさしい

日当たり　十分な日照が必要

栽培カレンダー（関東基準）

	1	2	3	4	5	6	7	8	9	10	11	12
春まき　種まき			●	●	●							
春まき　収穫				■	■	■						
秋まき　種まき									●	●		
秋まき　収穫										■	■	

●種まき　■収穫

発芽適温　15～25度

生育適温　17～20度

コンテナの大きさ　中

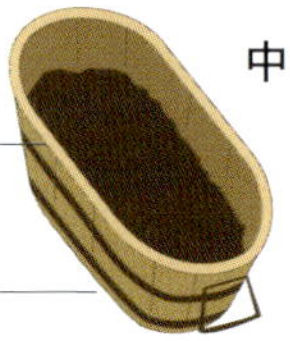

※本書では45cm×25cm×深さ20cmの容器に1列

1 種まき

コンテナにすじまきする

ラディッシュの種

①深さ1cmのまきみぞに、1cm間隔で種まきする。

②指先で土をつまむように、土を寄せて覆土する。

③手の平で土をおさえてから水やりする。

2 間引き

何回かに分けて間引く

①約1週間で発芽する。

②双葉が出そろった頃、1cmあきくらいになるように引き抜いて間引く。

③本葉1枚の頃、3、4枚の頃にも、混み入っているようなら間引く。

3 収穫

大きくなったら収穫

混んでいるところから間引きをかねて収穫し、ラディッシュを充実させる。大きくなったものから収穫していく。写真はフレンチ・ブレックファストという、少し長めの品種。丸いもの、赤白のツートンのものなど品種はいろいろ。

POINT　土寄せ

間引いたあとは、残りの株が倒れないように軽く土寄せして（P204）、しっかり安定させるとよい。

Part
4

コンテナで
ハーブ・スプラウト

葉が縮れず平らな形の香り高いパセリ

イタリアンパセリ

セリ科

地中海沿岸地域が原産のハーブ。日当たりのよい場所にコンテナをおけば、手間いらずで収穫できます。春から秋まで、長期間収穫できるのも便利。

栽培のポイント

■植えつけ後は長期間収穫するために、定期的に追肥をする。

料理のポイント

●サラダ、スープなど、いろいろなメニューのトッピングに。

栽培難易度

ふつう

日当たり

十分な日照が必要

栽培カレンダー（関東基準）

	1	2	3	4	5	6	7	8	9	10	11	12
春まき			●●	▲	▲	■	■	■				
秋まき									●●▲	■	■	

●種まき　▲植えつけ　■収穫

生育適温

15～20度

コンテナの大きさ

小

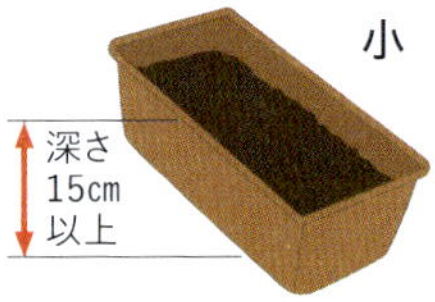

※本書では22cm×48cm×深さ18cmの容器に2株

1 種まき

ポットまきで育てる

イタリアンパセリの種

種はポットに2、3粒ずつまいて育てる。

2 植えつけ

コンテナに定植する

①イタリアンパセリの苗は、本葉5、6枚で植えつける。

②苗をポットからとり出す。

③根をくずさずにコンテナに植え、株のまわりの土をおさえる。

④植えつけ後、たっぷり水やりをする。

3 収穫

春から秋まで収穫できる

植えつけ後は乾燥をふせぎ、2週間に一度、ぼかし肥かなたね粕を追肥する。葉を切って収穫。

セージ

シソ科

煮込み料理に爽やかな香りを添える

清涼感のある香りが特徴的な地中海沿岸原産の多年草。品種が豊富で、葉や花色はさまざま。観賞用としても人気があります。本書では代表的な品種のコモンセージを栽培。

栽培のポイント

■種が小さいので水やりはやさしく行う。
■4年目に挿し木や株分けで株を更新。

料理のポイント

●葉を肉や魚の煮込み料理に使うと、臭みや油っぽさをおさえる効果がある。

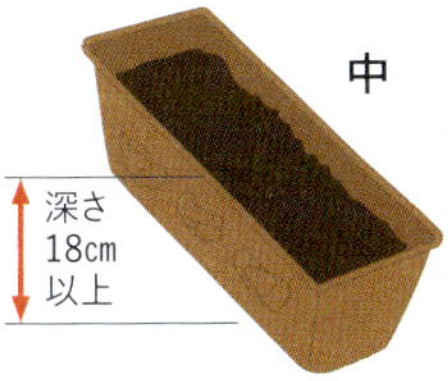

コンテナの大きさ
※本書では21cm×48cm×深さ18cmの容器に3株

生育適温 15〜20度

発芽適温 20度前後

栽培カレンダー（関東基準）

	1	2	3	4	5	6	7	8	9	10	11	12
春まき				● 種まき	● 種まき		収穫	収穫	収穫	収穫		
秋まき									● 種まき	● 種まき		
翌年収穫					収穫	収穫	収穫	収穫	収穫	収穫		

●種まき　■収穫

栽培難易度　やさしい

日当たり　十分な日照が必要

1 種まき

プランターにすじまきする

セージの種

深さ約1cmのまきみぞをつけ、1cm間隔ですじまき。好光性種子なので、覆土は薄めに。

2 間引き

2週間程度で発芽

①発芽し、双葉が開いたところ。

②本葉が3、4枚になったら1回目の間引き。

③以後、株が混んできたら随時間引く。最終的に3株残しにしている。

3 収穫

夏から秋に収穫できる

株が大きくなったら、茎を切って収穫する。

タイム

シソ科

肉料理や魚料理に大活躍

シソ科の多年草で、地中海料理の風味づけには欠かせないハーブです。コモンタイムのほかシルバータイムなど、品種は多数。4～6月には、白や淡い紫の小花が咲きます。

栽培のポイント

■高温多湿に弱いため、水はけよく管理する。寒さには強い。

料理のポイント

●オリーブオイルやドレッシングに入れるほか、魚・肉の煮込み料理の香りづけに。

栽培難易度 ふつう

日当たり 十分な日照が必要

栽培カレンダー（関東基準）

	1	2	3	4	5	6	7	8	9	10	11	12
▲植えつけ				▲	▲							
■収穫				■	■	■	■	■	■	■	■	

発芽適温 20度前後

生育適温 15～20度

コンテナの大きさ 中

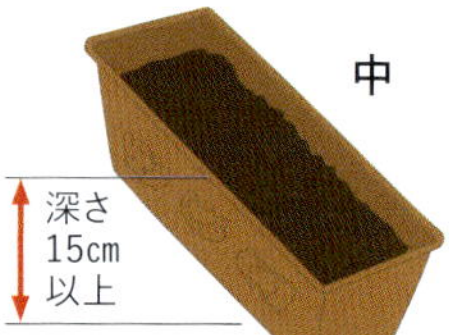

※本書では21cm×48cm×深さ18cmの容器に2株

1 植えつけ

苗を定植する

①コモンタイムの苗。

②苗をポットから出し、根をくずさずに定植。

③手で土を寄せて、苗を固定する。

④植えつけ後、たっぷり水やりする。

2 収穫

春から秋まで収穫可能

①株が大きくなったら、いつでも収穫可能。冬はそのまま冬越し。

②ハサミで茎を切って、収穫。

甘くスパイシーな香りが魅力

ディル

セリ科

暑さ寒さに強い一年草。強い繊細な糸状の葉、夏に咲く黄色い花、種など、根以外はすべて利用可能。葉はセリ特有の強い香りをもち、種はピリッとした辛みが特徴です。

栽培のポイント

■直根で移植を嫌うので直まきする。
■初心者は失敗の少ない秋まきがよい。

料理のポイント

●葉や花、種をピクルスなどの香りづけに。肉、魚、野菜料理まで応用範囲が広い。

コンテナの大きさ

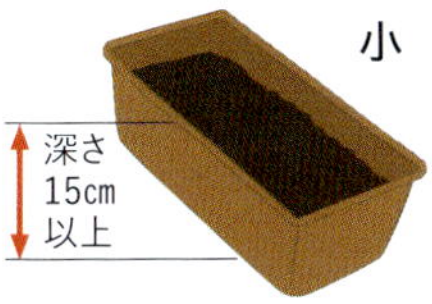

小
深さ15cm以上

※本書では22cm×48cm×深さ18cmの容器に2株

生育適温 10～25度

発芽適温 20度前後

栽培カレンダー（関東基準）

	1	2	3	4	5	6	7	8	9	10	11	12
春まき				●	●	●						
収穫						■	■	■	■	■		
秋まき									●	●		
翌年収穫				■	■	■	■					

●種まき　■収穫

栽培難易度 やさしい

日当たり 十分な日照が必要

1 種まき

春か秋に種まきする

ディルの種

深さ約1cmのまきみぞをつけ、11cm間隔ですじまき。覆土、鎮圧(P219)し、水やりする。

2 間引き

ハサミで切って間引く

発芽したら成長を見て間引き、最終的に2～3株にする。

3 収穫

必要に応じて随時収穫

①株が成長したら、随時外側の茎から収穫。

②花が咲くと葉が硬くなるので、長期間収穫する場合は蕾をカットする。

トマトと相性ぴったりのおなじみのハーブ

バジル
シソ科

熱帯アジア原産で暑さに強く育てやすいハーブ。イタリアでは「バジリコ」と呼ばれ、パスタやピザには欠かせません。つやがある緑葉のスイートバジルが一般的。

栽培のポイント
- 乾燥しすぎないようにする。
- 花がつくと株が弱るので、つみとる。

料理のポイント
- トマトやチーズと相性がよく、パスタやピザ、サラダに最適。
- たくさん収穫できたときは、ドライハーブやバジルペーストにするのもおすすめ。

コンテナの大きさ 小
深さ15cm以上
※本書では20cm×35cm×深さ18cmの容器に1〜2株

生育適温 20〜25度

栽培カレンダー（関東基準）
1	2	3	4	5	6	7	8	9	10	11	12

●種まき ▲植えつけ ■収穫

栽培難易度 ふつう

日当たり 日照が十分必要

---

1 種まき
ポットにまいて育てる

バジルの種
種は、数粒ずつポットにまく。

双葉が出たら、元気な2株を残して育てる。

2 植えつけ
本葉4、5枚で定植する

① 定植は本葉4、5枚の頃。

② 苗をポットからとり出す。

③ 根をくずさずに植え、水やりをする。

3 収穫
葉は開花までが食べ頃

① 植えつけ後は、摘芯をかねていつでも収穫できる。

② 開花後は葉が硬くなってしまうが、秋まで収穫はできる。

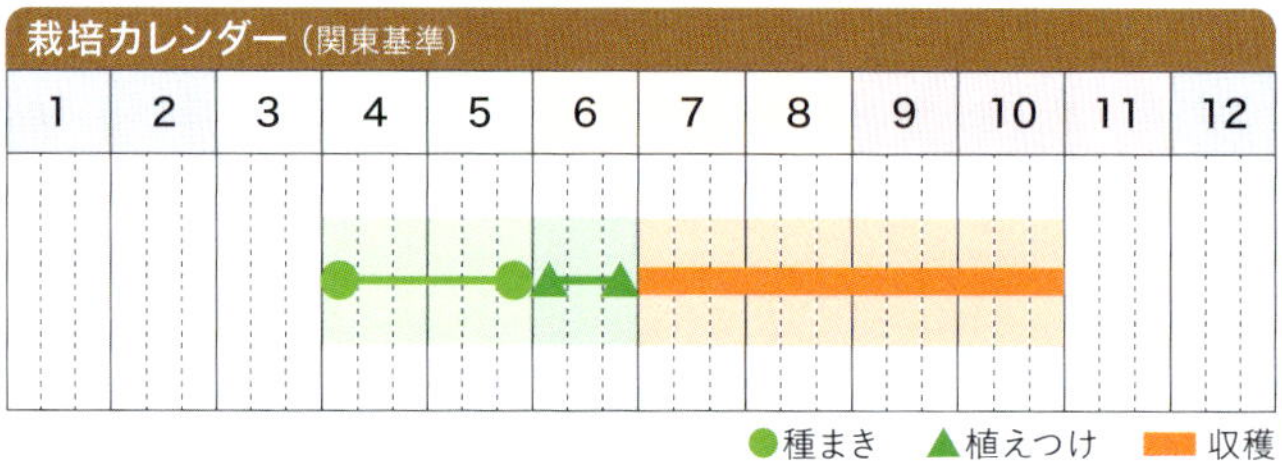

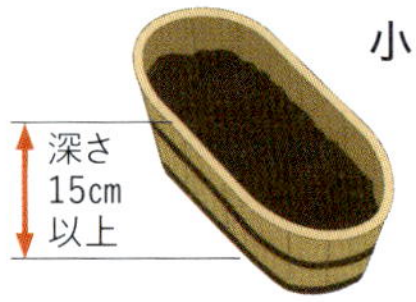

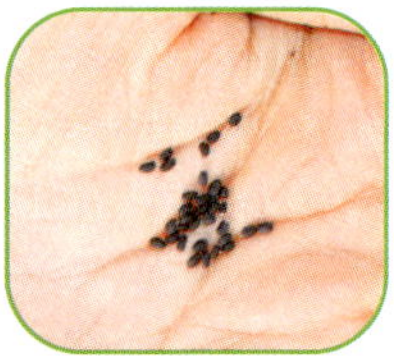

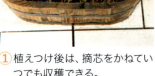

コリアンダー（パクチー）

セリ科

エスニック料理に欠かせないハーブ

東南アジアで広く栽培されていて、タイでは「パクチー」、中国では「シャンツァイ」と呼ばれます。独特の香りで、消化を促し胃腸を強くする働きがあります。

- **栽培のポイント**
  - 種まきからするなら3月頃、種を一昼夜浸水させてからまく。

- **料理のポイント**
  - 生の葉をスープや麺類、サラダなどに使うとよい。
  - 種はスパイスとして、ホールや粉末で使える。

コンテナの大きさ：小
深さ15cm以上
※本書では22cm×48cm×深さ18cmの容器に3株

生育適温 15〜25度

栽培カレンダー（関東基準）

1	2	3	4	5	6	7	8	9	10	11	12

● 種まき　▲ 植えつけ　■ 収穫

栽培難易度：ふつう

日当たり：1日数時間以上

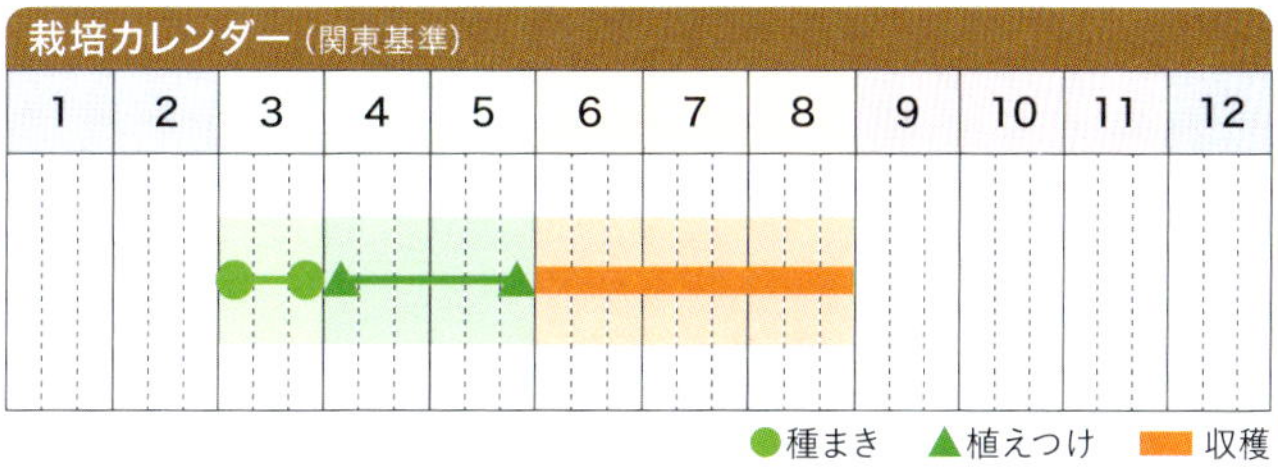

1 種まき
ポットまきで育てる

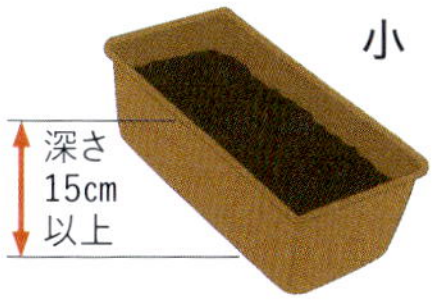

コリアンダーの種
種はポットに2、3粒ずつまいて育てる。

双葉。元気な株を2本ずつ残して育てる。

2 植えつけ
コンテナに定植する

① コリアンダーの苗は本葉4、5枚で植えつける。

② 苗をポットからとり出し、コンテナに植える。

③ 株のまわりの土をおさえ、たっぷり水やり。

3 収穫
草丈20cmくらいから収穫OK

① 真夏は葉が硬くならないよう半日陰におくとよい。やわらかい葉を切って収穫。

② 花がついたあとは実がなり、実も香辛料として利用できる。

ビタミン豊富で料理の色どりにも大活躍！

パセリ

セリ科

地中海沿岸地域原産のセリ科の緑黄色野菜。わき役ながらも栄養価は高く、ビタミンC、ミネラル、特に貧血予防に効果的な鉄分も含有。やや日陰でもつくりやすいです。

栽培のポイント

■日陰ができるくらいの場所で育てるとよい。
■夏の間、乾燥させせないよう気をつける。

料理のポイント

●生で料理に添えたり、タルタルソースに加えるほか、トマト料理の香りづけなどに。

栽培難易度　やさしい

日当たり　半日陰でも育つ

栽培カレンダー（関東基準）

	1	2	3	4	5	6	7	8	9	10	11	12
種まき				●	●							
植えつけ					▲	▲						
収穫	翌年	翌年					■	■	■	■	■	■

●種まき　▲植えつけ　■収穫

生育適温　15〜25度

コンテナの大きさ　小

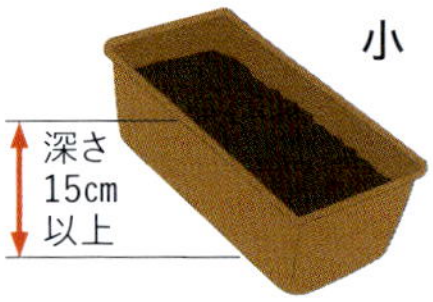

※本書では22cm×48cm×深さ18cmの容器に2株

1 種まき

ポットにまく

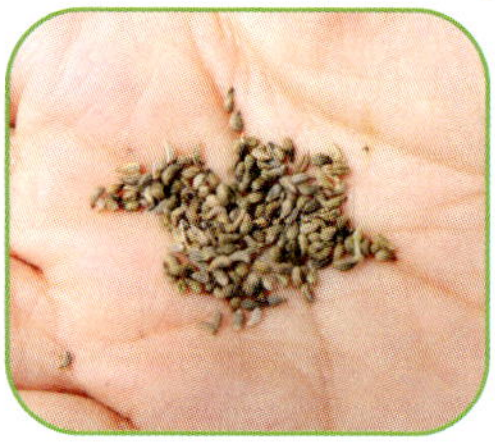

パセリの種

種は、ポットに数粒ずつまく。

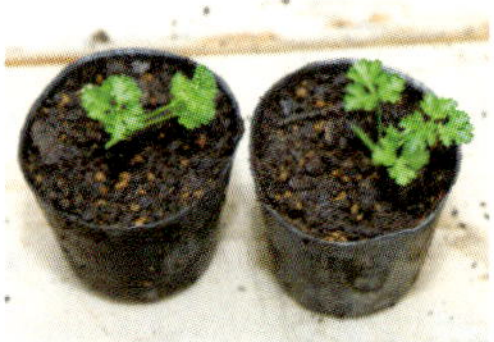

元気な株を残して育てる。

2 植えつけ

苗を定植する

①本葉5、6枚が植えつけの適期。

▼

②苗をポットから出し、コンテナに定植。2週間に一度、追肥するとよい。

3 収穫

春まで収穫できる

本葉12枚以上になったら下の大きい葉から順にハサミで切って収穫。

清涼感あふれる香りが魅力のハーブの代表種

ミント

シソ科

さわやかなメントールの香りで、料理やデザート、ハーブティなど幅広く使えます。クールミント、ペパーミント、アップルミントなど、品種はいろいろ。

栽培のポイント

■苗から育てるか、枝を水にさして根出しして植えつけるのが簡単でおすすめ。

料理のポイント

● 生ケーキやデザートの添えものに。
● 熱湯に生の葉を入れれば、胃もたれをやわらげ、すっきりとするハーブティになる。

栽培難易度　ふつう

日当たり　半日陰でも育つ

栽培カレンダー（関東基準）

	1	2	3	4	5	6	7	8	9	10	11	12
種まき			●	●								
植えつけ					▲	▲						
収穫						■	■	■	■	■	■	

●種まき　▲植えつけ　■収穫

生育適温　15〜25度

コンテナの大きさ　小

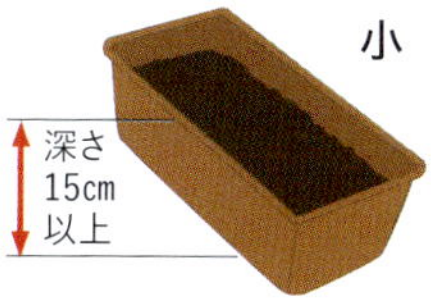

深さ15cm以上

※本書では22cm×48cm×深さ18cmの容器に2株

1 種まき

ポットにまいて育てる

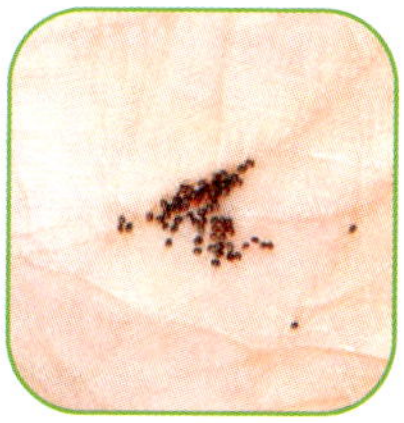

ミントの種

種はポットに数粒ずつまいて育てる。種はとても小さいので、飛ばさないように注意。水やりは霧吹きがおすすめ。

2 植えつけ

コンテナに定植する

① クールミントの苗。大きな株から、株分けして育てるのもよい。

② 苗をポットからとり出す。

③ 根をくずさずにコンテナに植え、株のまわりの土をおさえる。

3 収穫

春から秋まで収穫可

植えつけ後は、風通しのよい半日陰におき、適宜、葉を切って収穫する。

ほのかな辛みとゴマに似た香り

ルッコラ（ロケット）

アブラナ科

ロケットとも呼ばれ、イタリア料理によく使われます。やや辛みがあり、ゴマのような香りがする葉を、生で食べるのが一般的。春から秋まで種まきが可能です。

栽培のポイント

■直射日光で葉が硬くなってしまうので、半日陰くらいで育てるとよい。

料理のポイント

● 生葉は生のままサラダやパスタに加える。
● 大きく硬くなってしまった葉はゆでてもよい。

栽培難易度

ふつう

日当たり

半日陰でも育つ

栽培カレンダー（関東基準）

	1	2	3	4	5	6	7	8	9	10	11	12
春まき			●	●	▲	▲						
秋まき									●●▲	▲		
収穫					■	■	■	■	■	■	■	■

●種まき　▲植えつけ　■収穫

生育適温

15〜20度

コンテナの大きさ

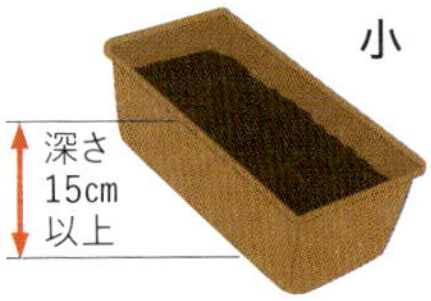

※本書では20cm×48cm×深さ18cmの容器に1〜2株

1 種まき

ポットにまいて育てる

ルッコラの種

種はポットに4、5粒ずつまく。

元気な2株を残して育てる。

2 植えつけ

コンテナに定植する

①本葉3、4枚で定植する。

②苗をポットから取り出し、コンテナに植える。

③2週間に1回、追肥するとよい。

3 収穫

やわらかい葉を収穫

葉が硬くならないうちに、適宜、葉を切って収穫。15cm以上になったら、株ごと収穫してもOK。

モヤシ

マメ科

栄養たっぷりのモヤシを室内で栽培

モヤシは、緑豆やダイズ、ラッカセイ、アズキなどでつくります。1週間から10日程度の室内栽培で、食べられる大きさに成長。水っぽさがなくて風味たっぷりの、おいしいモヤシが楽しめます。

栽培のポイント

- 一般栽培用の種は殺菌処理されている場合がある。必ず食用かモヤシ用の種を使用。
- 1日に2～3回水ですすぎ、清潔に保つ。

用意する道具

- 直径8.5cm×高さ19cmの広口ビン
- ガーゼ（広口ビンの口を覆えるサイズ）1枚
- 輪ゴム
- アルミホイル

発芽適温 20度前後

生育適温 10～20度

栽培カレンダー（関東基準）

	1	2	3	4	5	6	7	8	9	10	11	12
種まき	●	●	●	●	●	●	●	●	●	●	●	●
収穫	■	■	■	■	■	■	■	■	■	■	■	■

●種まき ■収穫

栽培難易度 やさしい

日当たり 必要 なし

1 種の吸水

吸水させてすすぐ

モヤシ用の緑豆の種
水で洗ってゴミなどを落とす。

① 熱湯消毒しておいた広口ビンに種を入れ、水をたっぷり加えてガーゼで蓋をし、半日～1日吸水させる。

POINT 吸水時間

ダイズの場合は、吸水時間を6時間までに。吸水時間が長すぎると、種が腐りやすくなるので注意。種が崩れないよう、毎日のすすぎもやさしく行う。

② 吸水を終えたらガーゼをつけたまま水を捨て、水の濁りがなくなるまで、2～3回すすぐ。

③ しっかりと水を切り、ビン全体をアルミホイルで包んで遮光する。

2 収穫

約1週間で収穫期

① 3日目くらいから、胚軸が伸び始める。1日に2～3回、ガーゼをつけたままたっぷり水を注いですすぐ。水をしっかり切ったら再びアルミホイルで覆う。

② 季節にもよるが、1週間から10日くらいで収穫適期になる。ビンから出し、水洗いして調理する。

水栽培用キットを使って簡単栽培

スプラウト

アブラナ科　マメ科　タデ科など

スプラウトとは、発芽後3～10日ほどで食べられる、野菜の新芽のこと。カイワレダイコンをはじめ、ブロッコリー、ソバ、トウミョウなど多くの種類があります。本書では市販の水栽培用の容器を使って育てています。

栽培のポイント

- ■一般栽培用の種は殺菌処理されている場合がある。必ずスプラウト用の種を使用。
- ■気温が高すぎると腐敗しやすいので、夏は風通しのよい涼しい場所で管理する。

用意する容器

●10cm×13cm×高さ6cmの水栽培用容器

生育適温 18～22度（品種によって異なる）

発芽適温 20～25度

栽培カレンダー（関東基準）

	1	2	3	4	5	6	7	8	9	10	11	12
種まき	●	━	━	━	━	━	━	━	━	━	━	●
収穫	■	■	■	■	■	■	■	■	■	■	■	■

●種まき　■収穫

栽培難易度　やさしい

日当たり　遮光状態→日当たりで育てる

1 種まき

種は軽く水洗いする

スプラウト用のカイワレダイコンの種（左）とブロッコリーの種（右）

① 水栽培用キットの透明容器に水を張る。容器に目安となる線がついていたら、その線に合わせ過不足なく入れる。

② 透明容器にアミ皿をセットし、種が密になるようばらまきする。容器を段ボール箱に入れる、もしくは紙袋をかぶせるなどして遮光する。

2 収穫

使うぶんだけ切って収穫

① 3日目くらいには芽が出て、根が伸び始める。容器の水は1日に2～3回、取り替える。

② 双葉が開いてきたら、遮光をやめて窓際に置き、緑化させる。

③ 種をまいてから7～10日ほどで収穫適期に。ハサミで使いたい分だけ収穫する。

Part
5
コンテナ野菜栽培の基本

コンテナで野菜を育てよう！

広い庭がなくても、ベランダなどのスペースで野菜づくりができるのがコンテナ栽培の魅力です。ベランダの日当たりや条件を考え、共同住宅としてのマナーや安全面にも気をつけて楽しみましょう。

コンテナ野菜づくりの魅力

自分で手間ひまかけてつくった野菜は、おいしさもまた格別。種から発芽し、花が咲いたり実がなったりと、収穫までのプロセスを楽しむことができるのも家庭菜園の魅力です。

また、コンテナくらいの規模なら、農薬や化学肥料を使わない有機栽培でも、それほど大変ではありません。自然の力だけで育った野菜は、家族みんなで安心して食べることができます。

コンテナからキッチン直行だからこそ味わえる新鮮さ、ほしいときに少しずつ使える便利さもコンテナ野菜づくりの魅力といえるでしょう。

ベランダで収穫したら、キッチンへ直行。

ほしいときに、使う分だけ収穫できて便利。

収穫だけでなく、花や実、葉を観賞するガーデニングとしての楽しさも！

ベランダ栽培のマナー

ベランダで野菜づくりをするときは、ふさいではいけない場所などをチェックします。土やゴミ処理なども含め、近所迷惑にならないように気をつけましょう。

［ 隣との仕切り付近はあける ］

隣の家のベランダとの境目には、通常、突き破れるタイプの仕切り板が設置されています。これは緊急時の避難用なので、付近にものをおいてはいけません。

［ 非常口はふさがない！ ］

ベランダに非常用のハッチや緊急避難用の設備がある場合、その部分はかならずあけておくこと。ウッドデッキなどをしく前に、床もチェックしましょう。

［ 強い風に注意する ］

ベランダの形によっては、強い風でものが飛んだり、落ちたりすることがあります。コンテナやガーデニンググッズが落下すると危険なので注意すること。

［ 土やゴミの捨て方に注意 ］

栽培に使った土は、堆肥や腐葉土を混ぜればリサイクルできます（P210）。土や枯れ葉は、排水溝につまらないように掃除し、土は地域の自治体のルールに従って捨てること。

ベランダの環境チェック

スペースや日当たりなど、限られた環境の中で効率的に野菜を育てるためには、コンテナのおき方、おく場所、風通しなどの環境づくりが大切です。

[エアコンの室外機に注意]

エアコンの室外機の前は、排気の熱風や排水があるので、コンテナをおかないようにします。スペースの関係で、どうしてもコンテナをおきたいという場合は、排気が上に抜けるタイプの室外機カバーを利用するとよいでしょう。

[十分な日照を確保する]

野菜づくりには日照が欠かせません。コンテナは日当たりのよい場所におくか、コンテナ用の台を使うなどして、十分な日照を確保しましょう。

[風通しをよくする]

コンテナを隙間なくおくと、風通しが悪くなり病害虫が発生する原因にもなります。風の通り道をふさがないよう、コンテナをぎっしりとおかないようにします。コンテナスタンドを使うのもおすすめです。

[気温の管理]

日当たりは重要ですが、床のコンクリートからの照り返しは、野菜にダメージがあります。夏はとくに、照り返しによって気温が上がりすぎ、コンテナの水分蒸発を早めてしまいます。照り返しを防ぐために、ウッドパネルやスノコ、素焼きのタイル、人工芝などをしくとよいでしょう。

ベランダの環境づくり

日照条件や風通しなどを考えながら、野菜を育てやすい環境をととのえます。

栽培プランと季節の管理

栽培をはじめる前に、コンテナをベランダのどこにどうおくのか、プランを考えましょう。家のベランダの日照条件に合わせて、つくる野菜の種類と配置を決めていきます。

ベランダの条件をチェック

野菜づくりには日当たりが重要です。ベランダの向きや季節によって日照条件が変わるので、まずは自宅のベランダの日当たりをチェックしましょう。

日当たりの条件は、季節によっても変わります。つくりたい野菜とその特長を調べて、どの場所においたらよいのか、春から夏、秋から冬とふたつのプランを考えていきます。

季節ごとの管理

ベランダは広い畑とはちがって、野菜にとって厳しい面もあります。コンクリートに囲まれているという条件や階数の高さにより、暑さ、寒さ、風対策も必要です。

●夏の日当たり

強い日差しが高い位置から射しこむので、ベランダの奥（部屋に近い部分）までは日が射さない。

●秋から春の日当たり

夏よりも弱い日差しが低い位置から射しこむので、ベランダの奥のほうまで射す。

●コンクリートの手すり

手すり部分が日を通さない場合は、日当たりがよいベランダでも手すりの前は日が射さない。高さのある台などにコンテナをおくとよい。

●夏の暑さ対策

夏に限らず、照り返しを避けるためにもウッドパネルやスノコ、レンガなどをしきましょう。真夏の日差しが強い時期はよしずを立てたり、ゴーヤーのグリーンカーテンなどで日よけをつくるのもよいでしょう。

●風や台風対策

階数が高いベランダになると、風でコンテナが倒れるケースもあります。とくに台風のときなどは注意が必要です。コンテナは隅に寄せたり、固定できるものは手すりに結んでおけば安心です。強風のときは、台にのせているものは、すべて下ろしておきましょう。

●寒さ対策

冬場に冷たい風をよけ、寒さから守るには、コンテナ全体にトンネルをかけて覆うと効果的です。

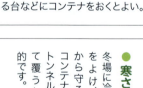

South

南向きプラン

南向きのベランダはほぼ1日中日が当たるため、野菜づくりに最適です。真夏の気温の上がりすぎや、水切れに注意しましょう。

春から夏のプラン

夏の南向きのベランダは全体的に日照がのぞめる。強い日当たりを好むトマト、ナス、ピーマン、トウモロコシ、オクラなどの夏野菜を中心に栽培。ジャガイモやインゲン、エゴマなども栽培してみよう。

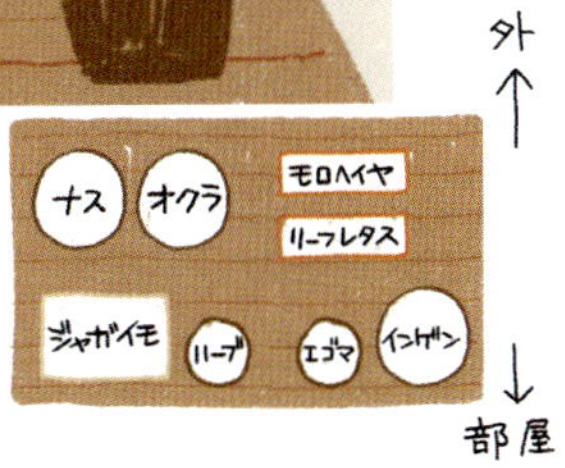

秋から冬のプラン

太陽が低い位置から射すので、部屋に近い位置にダイコンやミズナなどの大きなコンテナをおく。カブ、ホウレンソウ、ハクサイなど、高さが出ないものは、手すり側で台にのせて高い位置におくとよい。

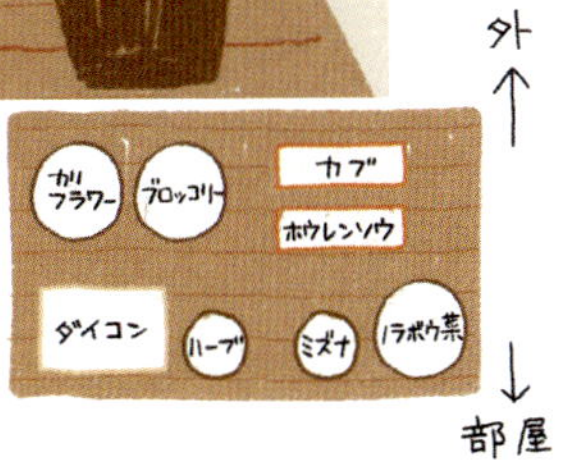

POINT

- 毎朝、たっぷり水やりをすることが重要。
- 真夏は夜の気温が下がるように、夕方に打ち水をするとよい。
- 秋から春は、部屋に近い位置に、もっとも日当たりが必要なものをおく。

東向きプラン

東向きのベランダは、おもに午前中に日が当たります。日当たりをさえぎる大きく葉を広げるものは、手すり側におかないようにしましょう。

春から夏のプラン

オカノリ／トマト／キュウリ／セロリ／トウガラシ／パセリ

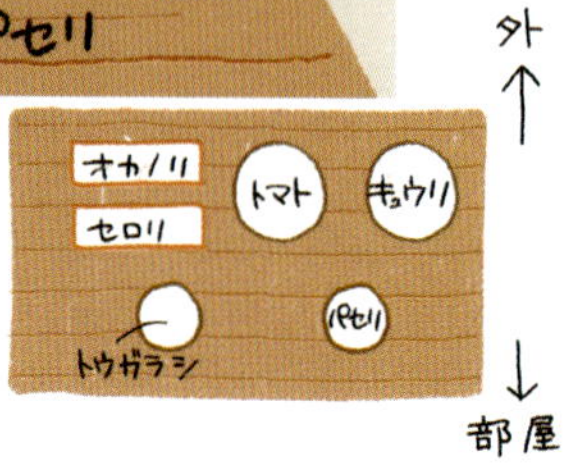

南向きよりは日照時間が減るものの春から夏は、比較的日当たりがのぞめる。夏野菜の中でも、カボチャやゴーヤーのように大きく影をつくるものは避け、ミニトマト、キュウリなどの実もの野菜とオカノリなどの葉もの野菜を中心にするのがおすすめ。

秋から冬のプラン

シュンギク／ニンジン／茎ブロッコリー／ラディッシュ／ミツバ／ニラ

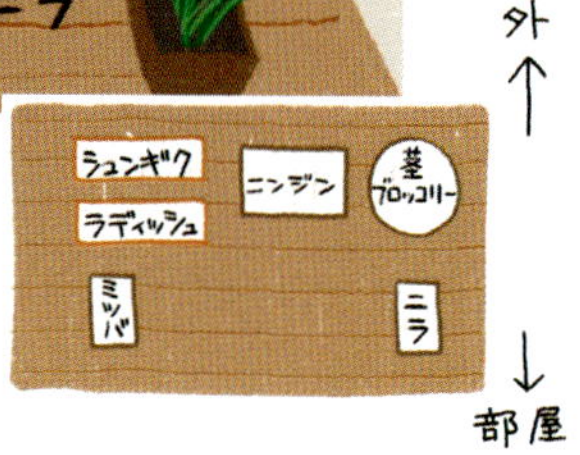

秋から冬は日照時間が短くなるので、比較的日当たりのよい手すりの近くでコンテナスタンドを使って高い位置におく。シュンギクなどの葉もの野菜や、ブロッコリー、ニンジンなどを栽培しよう。

POINT
- 夏場は日当たりのよい場所には、実もの野菜を低めに仕立てておく。
- 弱い光でも育つインゲン、エンドウなどもよい。
- 冬の葉もの野菜はスタンドなどを使い、高い位置におくとよい。

栽培プランと季節の管理

West

西向きプラン

夏場は強い西日が当たるため、直射日光に弱い野菜の栽培には向きません。日差しや照り返しを防ぐよう、ウッドパネルなどを活用しましょう。

春から夏のプラン

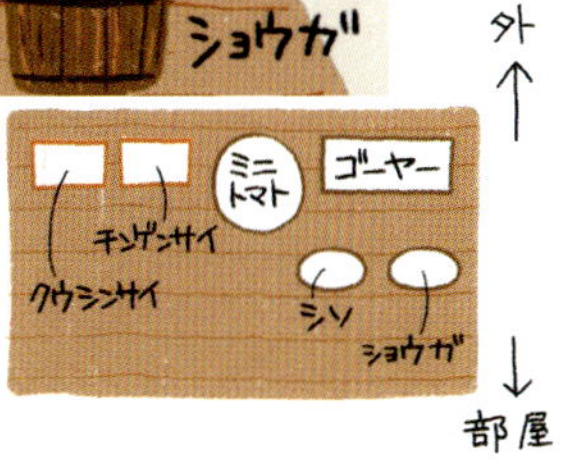

夏は西日が強いので、日差しに強く丈夫な野菜を選ぶことが大切。ゴーヤー、カボチャ、キュウリなどでグリーンカーテンをつくるのもよい。小さめのコンテナは高さのあるスタンドで手すり側の高い位置におき、葉もの野菜を育てよう。

秋から冬のプラン

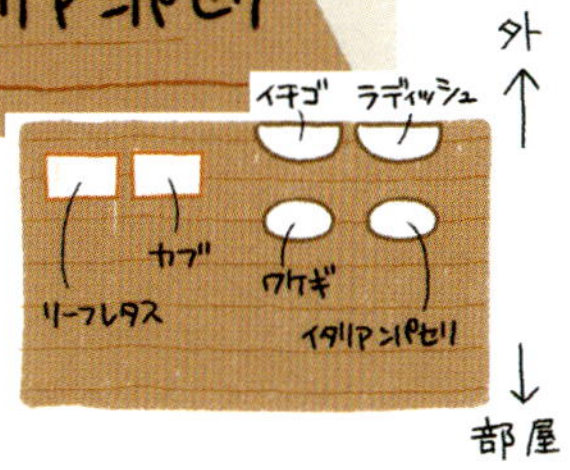

日が当たりやすい手すりにコンテナ台をかけるか、高さのあるコンテナスタンドをおく。スタンドや台を多く使い、少しでも長く日が当たるようにする。カブなどの根もの野菜や葉もの野菜を中心に育てるとよい。

POINT

- 夏はゴーヤーなどのつる性植物を、日よけをかねて栽培するとよい。
- 半日陰でも育つ野菜を選ぶ。
- 葉もの野菜は育てやすい。

種まきから収穫までの作業

有機栽培のコンテナ菜園で、コンテナ選びや種まきから収穫までの作業を紹介します。それぞれの野菜によって、間引きや支柱立てなど生育に合わせた作業が必要です。

コンテナを選ぶ

コンテナの素材選びは、重さと扱いやすさ、価格や見た目の雰囲気など、何を重視するかによって決まります。重要なのは、コンテナの形とサイズ。野菜の種類に合わせたものを選びましょう。

［一般的な長方形］

株がそれほど大きくならない葉もの野菜のほか、ラディッシュ、カブ、ネギなどは、横1列に植えられる長方形が便利。

［深型・正方形や丸形］

草丈が高いものを1株ずつ植えるならこのタイプ。トマト、ピーマン、ナスなどの実もの野菜や、キャベツ、ハクサイなどは、高さはなくてもスペースが必要。1株ずつ植えるときに向いている。

［深型・長方形］

株が縦、横ともに大きくなるつる性の野菜向き。ゴーヤー、キュウリ、カボチャ、エンドウ類などはこのタイプのコンテナに植える。とくにゴーヤーのようにネットを張る野菜は、風にあおられても大丈夫なように重量のある大型コンテナが向く。

土を準備する

コンテナに入れる土は市販の培養土か自分で土を配合して準備（配合例はP10を参照）。

1 腐葉土、堆肥、赤玉土、もみ殻燻《がらくん》炭《たん》などをバケツやトロ舟に入れる。

2 よく混ぜ合わせる。

3 均一に混ざっていればOK。

コンテナに土を入れる

土入れの手順は、種を直まきする場合も苗を植えつける場合も同じです。

1 底に穴があるタイプは、穴よりひとまわり大きくカットした鉢底ネットを敷く。

鉢底にネットがついているタイプのコンテナは、鉢底ネットと鉢底石は不要。

2 その上から、鉢底石を入れる。大粒の赤玉土でもOK。

3 土入れで土をすくって入れる。配合済みの培養土を使ってもOK。

4 土はコンテナの縁から2～4㎝くらいの深さまで入れて、表面をならす。

種と苗を選ぶ

野菜づくりは、種や苗を選ぶところからはじまります。よい苗選びは、とても大切。野菜づくりを成功させるために、種や苗を選ぶポイントを紹介します。

コンテナ栽培に向いた種は？

種は、保管が悪かったり古かったりすると発芽率が下がります。種袋に有効期限が表示されているので、買うときにチェックするとよいでしょう。

また、同じ野菜でも、品種によってつくりやすさがちがいます。一代交配種（F_1品種）は、発芽がそろい栽培しやすいように交配された雑種一代目の品種で、初心者でもつくりやすいのがメリット。ただし、種をとっても、次の世代では同じ形や味でつくることはできません。

「極早生《ごくわせ》」「早生《わせ》」と書かれたものは、通常よりも早く生育するよう改良された品種。早生種やミニ品種は、コンテナ野菜づくりにおすすめです。

ミニ品種はコンテナでも育てやすい（写真はミニチンゲンサイ）。

苗を選ぶときのポイント

コンテナ野菜づくりでは、いろいろな野菜を少しずつ栽培したいというケースが多いでしょう。その場合、種よりも苗から育てたほうが簡単です。はじめは市販の苗を買い、コンテナに移植して育てると、野菜づくりが成功しやすいので、簡単に収穫の楽しさが味わえます。

苗は茎がしっかりして、葉がきれいなものを選びます。下のほうの葉が小さくないか、葉や茎の色が薄くないかをチェック。茎がひょろひょろと細長かったり、節と節の間の長さが均一でないものも避けます。

トマトは花がつきはじめた頃が植えつけの適期。

苗は葉や茎がしっかりしているものを選ぼう（写真はゴーヤー）。

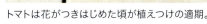

種まきの前に

トマト、ナス、キュウリ、カボチャなど、発芽がそろいにくい種はひと晩水につけておく。

1 ゴーヤーの種は、布に包んで輪ゴムでとめる。

2 このまま、水にひと晩つけておく。

3 次の朝に引き上げ、種まきをする。

いろいろな野菜の種

コマツナ（アブラナ科）のように小さな種は、すじまきにする。

種子消毒された種は、見やすいよう色づけされている。

エダマメ、インゲンなどのマメ類は、そのまま直まきできる。

発芽率と発芽適温

種袋には発芽率が記してありますが、これはその年の発芽率です。同じ種でも次の年になれば、発芽率が下がるのが普通。種まきで残った種は、湿気を防ぐように密封し、冷蔵庫の中でも温度が高めの野菜室に保存するのがベストです。

自家採種した種も、ガラスの保存ビンなどに入れて野菜室で冷蔵保存しましょう。

また、「発芽適温」は気温ではなく土の温度、地温を示しています。ビニールをかけるなどして温度調節をするとよいでしょう。

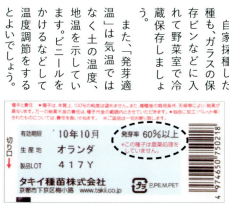

種まき①直《じか》まき

コンテナにすじまきする

種をすじ状にまき、発芽してから間引きしながら育てます。葉もの野菜など、種が細かいものに向いています。

1 割り箸や薄い板などを用意し、深さ約1㎝のまきみぞをつける。

2 みぞの深さが均一になっていると、発芽もきれいに出そろいやすい。

3 指先で種をつまみ、1㎝間隔になるようにすじまきする。種が重ならないように。

POINT 種のまき方

小さく細かな種は、手でまきにくいものもある。厚紙を2つ折りにしてのせ、紙から少しずつまくとよい。

4 指先で種の厚さの3倍くらいに、土をかける。

5 手のひらでおさえて、土と種が密着するように鎮圧する。

6 ジョウロで下から水が出るくらい十分に水やりをする。種が流れないよう、シャワー状に弱くかける。

7 発芽まで乾燥しないよう、新聞紙をかぶせておく。

種まき② 直《じか》まき

コンテナに点まきする

はじめから株間をとり、2か所以上に種まきする方法です。途中で元気な株を残し、間引きしながら育てます。ダイコンやマメ類など、大きめの種の野菜が向いています。

1 種をまく部分を、ビンの底などで押して深さ約1㎝のくぼみをつくる。

2 種は袋から出し、器に入れて手に持つと、まきやすい。

3 くぼみの部分に、3～5粒程度の種を点まきする。

4 指先で種の上に土をかぶせ、手の平でおさえ、土と種を密着させる。

5 ジョウロで下から水が出るくらいに水やりをする。

6 発芽するまでは乾燥させないように、新聞紙をかぶせておくとよい。

POINT 種袋のあけ方

多くの種袋は、じかに種が入っているので、注意して端を切って開封を。このとき袋の上ではなく下を切ると、種袋にのっているさまざまな情報部分を切ることなくあけられる。袋には栽培法などがのっているので、種まきのあとも保管しておこう。

種まき③育苗《いくびょう》

ポットにまく

ビニールポットに種まきして、苗がある程度大きくなるまで暖かい環境で育てます。トマト、キュウリ、ピーマン、シシトウ、ナスなど、苗づくりが必要な野菜向き。

1 ビニールポットに培養土や腐葉土を入れ、種を点まきする。野菜の種類によって2、3粒をまく。

2 約1㎝の深さに、指で種をおし入れる。

3 土をかけて手でおさえて鎮圧する。種と土が密着し発芽しやすくなる。

4 ポットの底から水が出るまで、たっぷりと水やりをしておく。暖かい環境で育てる。

暖かい環境で苗を育てるとき

ポットや箱まきした苗は、地温が発芽適温になる場所において育てます。春まきは、まだ気温が低い時期なので、農家では温室で育苗するのが一般的です。家庭では、衣装ケースなどを利用した簡易温室をつくるのがおすすめ。ケースにポットを入れてビニールをかけ、昼間は日に当てて保温し、夜間は室内にとり込みます。保温ができる電気マットなどを併用してもよいでしょう。

種まき④育苗《いくびょう》
育苗箱にまく・ポットに上げる

種からたくさんの苗を育てたいときは、箱まきします。ポットまきと同様に、暖かい環境で苗を発芽させます。双葉が出たら、1本ずつポットに上げ、引き続き暖かい環境で育苗しましょう。

1 育苗箱に腐葉土を容器の高さ3分の2まで入れる。

2 上から腐葉土をふるって入れ、表面は細かい土になるようにする。

3 土の表面をならす。

4 種のまきみぞを、板などを使って約3cm間隔につくる。

5 まきみぞに種を1、2cm間隔で、すじまきする。

6 上から腐葉土をふるって覆土する。

7 板などでおして鎮圧し、種と土を密着させる。

8 たっぷりと水やりをする。

9 発芽するまで新聞紙をかけて暖かい場所におく。

10 発芽した中から、よい双葉を選んでポットに移植する。

苗をコンテナに植える

苗を購入したら、いよいよ植えつけです。市販の苗は、植えつけに適した時期に出回ります。種から育てた苗を植えるときも同様です。

苗をコンテナに植えつける

苗をコンテナに植えつける作業は、定植とも呼ばれ、一般的に本葉4、5枚が出た頃に行ないます。ただし、野菜によって定植の適期は異なり、トマトのようにはじめの花が咲く頃までポットで育てたほうがよいものもあります。

苗はポットの中で根をはっているので、ポットから抜くのではなく、ポットをやさしくはずし、まわりの土ごと植えるのがポイント。ポットをはずすと根がまわっているのがわかりますが、くずさずにそのまま植えつければOKです。

1 コンテナに、鉢底網、鉢底石、土を入れて準備しておく。

2 コンテナの土に、ポットの大きさの穴を掘っておく。

3 苗を指にはさむようにしておさえて逆さにし、ポットをはずす。

4 コンテナに苗を入れて、土入れで周囲に土を入れていく。

5 苗のまわりの土の表面を手でおさえる。

6 植えつけ後は、底から流れ出るまでたっぷり水やりをする。

苗を植える深さの目安

もとの土の表面に少し土をかぶせるようにして植える。

深く植えすぎると成長をさまたげてしまう。

もとの土の表面が上に出ていると乾燥してしまうのでよくない。

水やり

日々の管理作業でもっとも大切なのは、水やりです。野菜の種類や季節、育てている環境によって、適した方法で水やりをしましょう。

水やりの基本

コンテナ栽培は畑とちがい、水やりがとても重要です。土の量が限られているので、乾燥で水切れを起こさないように、定期的にきちんと水やりをしましょう。ただし、つねにコンテナの土が湿っていると、根ぐされの原因になってしまいます。じめじめした湿気の多い土で育つ野菜もありますが、基本は「乾いたら水やり」が鉄則とおぼえてください。

野菜の根は、土の水分を吸収し、土が乾いているときは呼吸して酸素を吸収します。そのため、栽培する土には水はけのよさと保水性の両方が必要です。

水やりの時間帯は、基本は午前中、真夏は朝か、場合によっては朝夕の2回がよいでしょう。水やりは、表面の土が乾いたら、底から水がしみ出るまでたっぷりやります。

■土の乾き具合をチェック

プラスチック製のコンテナは、一般的に水もちがよく、素焼きのコンテナは早く乾きがちです。毎日コンテナの土をチェックしていれば、だんだん水やりのタイミングがつかめるようになるでしょう。

水のやり方

基本的に水やりはジョウロで、土に直接かけるようにします。葉が茂っているときは、上からではなくて株元にジョウロの先を向け、水をやります。

●ハス口を下に向ける

葉の上からコンテナ全体にいきわたるように水やりをする。

●ハス口を上に向ける

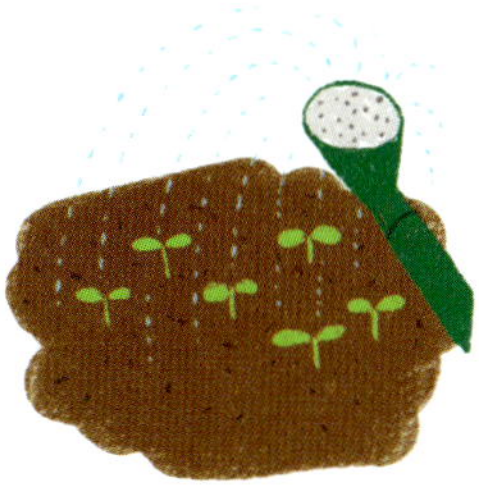

種まき後など水の勢いを弱くしたいときは、ジョウロのハス口を上向きにしてかける。

●霧吹きを使う

細かい種をまいたあと種が流れないように霧吹きでかける。葉だけにかけたいときも便利。

●ハス口のないタイプ

株元に水やりをするときは、ハス口がないタイプが便利。

水がたまっているときは?

コンテナの土は、上の縁から2～4cmくらいはあけて入れるようにします。この土の表面から縁までの間を、ウォータースペースといいます。

水やりをしたときにウォータースペースに水がたまり、しばらくひかないというときは、土の状態が悪くなっている証拠。

古い土をそのまま使ったり、根がつまりすぎていると、水はけが悪くなってしまうのです。水がなかなか底から出ないときは、別のひとまわり大きなコンテナに植え替えたほうがよいでしょう。

間《ま》引《び》き

種まきのあとのはじめの作業は、間引きです。種は通常、多めにまいて、元気な苗を残しながら育てていきます。成長に合わせて、2、3回に分けて間引きしましょう。

間引きが必要な野菜は？

野菜の栽培方法は、苗を植えつける場合と、直まきして間引いていく場合に大きく分けられます。苗を植えつけた場合は、間引きの必要がありません。

種をまいた場合は、何回かに分けて間引き、元気な苗を育てます。

チンゲンサイやホウレンソウなどの葉ものの野菜は、すじまきして少しずつ間引き、収穫まで育てます。

ニンジン、カブ、ダイコンなどの根菜は、植え替えを嫌う野菜。これらの野菜は、直まきします。すじまきか点まきし、株間をあけるように少しずつ間引きます。葉もの野菜や根もの野菜は、間引き株も食べられます。

インゲンやエダマメなど、コンテナに点まきした場合は、発芽して本葉が出て、植えつける苗程度の大きさになったところで、よい苗を選抜して残しましょう。

点まきの間引き（エダマメの場合）

1　1か所に3粒ずつ種まき。

2　本葉4、5枚の頃、元気な2本を残して間引く。

すじまきの間引き（エゴマの場合）

1　双葉のとき、1回目の間引き。葉が重ならないように抜く。芽が混んでいるときはピンセットで抜いてもOK。

2　本葉1、2枚で2回目の間引き。抜くと残った苗の根を傷つける場合もあるので、ハサミで根元を切ってもよい。

3　本葉4、5枚の頃、3回目の間引き。ゆったり株間をとる。野菜によって適した株間は異なる。

支《し》柱《ちゅう》立《た》てと誘《ゆう》引《いん》

草丈が大きく成長するタイプの野菜を育てるときは、支柱を立てる作業が必要になります。風などで株が倒れないように支柱を立てて苗を支えましょう。

支柱を立てる

野菜の草丈が高くなるものや、つる性でのびるものは、支柱を立てて支える必要があります。

支柱はコンテナに植えつけたとき、またはその後、のびてきたときに生育に合わせて立てます。支柱を立てて茎を誘引すると、株を支えるだけでなく、茎や葉全体に日が当たり風通しがよくなるというメリットもあります。

株を支えるために立てる1本仕立て、わき芽を広げて重さのある実も支えるためのあんどん仕立てやオベリスク、わき芽をはわせるためのネットをつけるタイプなどがあります。

いろいろな支柱と支柱立てグッズ

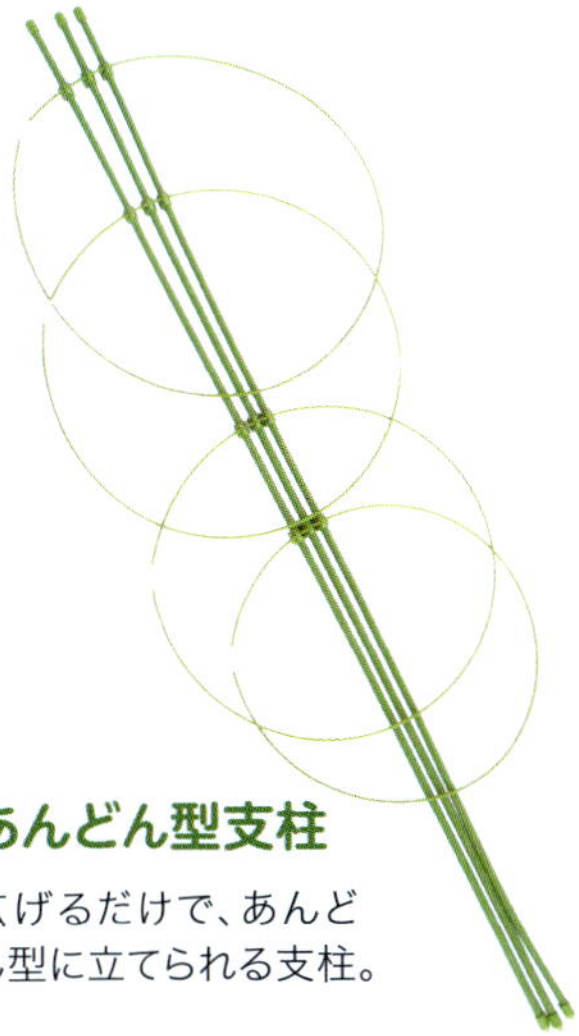

あんどん型支柱

広げるだけで、あんどん型に立てられる支柱。

支柱

支柱用の棒は太さ、長さとも種類が豊富。野菜の種類に合わせて選ぶ。

麻ヒモ

支柱に茎を誘引するときに使う。支柱同士を交差させて結ぶときなどにも使用。

支柱用留め具

支柱を交差させて組ませたいときに、留め具にはめるだけで固定できる。

コンテナ用留め具

穴のあいたコンテナにつければ、支柱をさすだけで固定できる。

つる用ネット

ゴーヤーやつるありインゲンなど、つるをはわせて育てる野菜に。

支柱をコンテナに固定する

小さな株のための1本仕立てなら、支柱を土に深くさすだけで安定します。ただし、草丈が高いものは風にあおられやすいので、支柱をコンテナにきちんと固定する必要があります。

コンテナに穴をあけられないときは、3本立てや4本立てのピラミッド型にして、支柱自体が自立して立つようにしましょう。

▲コンテナに支柱を固定するための穴があるタイプは、留め具を使ってさすだけで安定する。

▼留めるところがなければ、プラスチックや木製のコンテナの場合は、穴をあけて、ヒモでしばるとよい。

茎を支柱に誘引する

茎を支柱に結ぶときは、茎を傷めないように8の字にヒモをかける。固定するのではなく、茎が太く成長できるように余裕をもたせて結ぶこと。

カボチャなどは重くなるので、実のすぐ下を支柱に誘引する。▶

8の字にヒモをかけて、ゆとりをもって結ぶ。

支柱の種類

野菜の種類やコンテナの形によって、合う支柱がちがいます。育てている野菜に合うタイプの支柱を立てましょう。また、ヒモを使うなどして、オリジナルの支柱をつくってもＯＫです。

あんどん型

株のまわりに複数の支柱を立て、ヒモなどを何段か水平にまわすタイプ。インゲンやエンドウなどのマメ科のほか、キュウリ、ゴーヤー、カボチャなど実が重くなる野菜向き。

1本仕立て

株1本に対して1本の支柱を立てて、茎と結んで支える。比較的草丈の低い野菜向き。

ピラミッド型

株のまわりに立てた支柱を頂点で結ぶ。キュウリやインゲンなど、つるや茎を巻くタイプに。トマトなどにも利用できる。

3本仕立て

主枝と、のばす側枝2本を選び、3本に仕立てる方法。ナスやピーマンなどに。

ネット型

立てた支柱に対して、横支柱をつけて面状に仕立てる。両わきに立ててネットを張ってもよい。キュウリやゴーヤー、カボチャなど、大きくつるがのびて広がるもの向き。

直立型＋ヒモ

株にそって1本仕立てにして、さらに横に支柱を交差させる。のばす側枝をヒモで結んで、横に渡した支柱に結ぶ。側枝が倒れて風通しが悪いときなどに。ナス、ピーマン、シシトウなどに。

中《ちゅう》耕《こう》・土《つち》寄《よ》せ・増《ま》し土《つち》

株の周囲を耕して中耕をすると、株が元気に育ちます。また、土寄せや増し土で、株元が露出しないようにする作業も大切です。

中耕と土寄せの役割

コンテナの土は、水やりなどで次第に固くなっていきます。

中耕は土をほぐして空気を入れ、根が酸素を吸収しやすくするための作業。さらに、表面の土をほぐし、生えかけた雑草を抜くので、雑草予防にもなります。大きく掘り返す必要はないので、株のわきを移植ゴテで軽くほぐすようにします。

中耕したら、株元に土を寄せておきます。この土寄せをすることで、株をおさえて倒れにくくします。

また、イモやニンジンなどは、土から出てしまうと変色したり、硬化するので、とくに土寄せが重要です。

増し土はいつする？

野菜が大きくなるにつれて、株元が出てくることがあります。このようなときは、コンテナの中に根がいっぱいに回っていることが多いものです。

こんなとき、コンテナに増し土を行なうと、根をはる土の容量が増えるので、株をより大きく育てることができます。

また、間引きをしたあとは土が減り、残した株が不安定になって倒れやすくなるので、間引き後も増し土が必要です。

増し土は、培養土などの新しい土をコンテナに入れて、株元に寄せ軽くおさえるようにします。培養土には肥料も含まれるため、追肥の効果もあります。

中　耕

移植ゴテで株のわきの土を、ほぐすようにする。

土寄せ

土寄せ前
土寄せ後

根元に土寄せをして、根元が表に出ないようにする。根の乾燥を防ぎ、株を安定させる。

増し土

土入れを使って新しい土をコンテナに入れる。株元に寄せて、株が安定するようにする。

追《つい》肥《ひ》

肥料のやり方には、植えつけ前の「元肥《もとごえ》」と、植えつけ後の「追肥」があります。培養土には元肥が入っているので、あとはタイミングよい追肥で収穫量のアップを狙います。

追肥は即効性のあるものがよいので、堆肥よりもぼかし肥、鶏糞、なたね粕、液肥などを使います。

与える時期は野菜によって異なりますが、花が咲いた頃、実がついた頃など、タイミングを見て追肥しましょう。

鶏糞やぼかし肥など粉状の肥料は、株のまわりにほんのひとつかみおきます。液肥は水で表示量に希釈し、水やりをかねてまきましょう。

粉末の肥料は、株のまわりにひとつかみまく。市販の有機質肥料を使ってもOK。

ぼかし肥のつくり方

材料

基本の配合▼米ぬか6：おから3：もみ殻燻炭1

（ほかに土、鶏糞、魚骨粉などを混ぜてもよい）

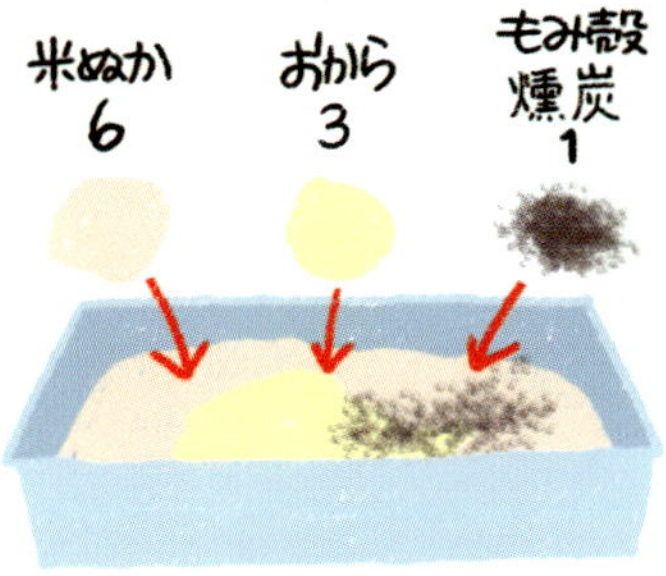

1 すべての材料を混ぜる。おからの量で水分を調整。握ると軽く固まるくらいが目安。

2 屋外において新聞紙などで覆い、発酵させる。週に一度、切り返して上下を混ぜる。3、4回切り返して、サラサラになったら完成。

液肥のつくり方

材料

基本の配合▼なたね粕1：水10

1 2リットルのペットボトルになたね粕を入れ、水を加え、そのまま約1か月発酵させる。ガスが出るので、ときどきフタをあけてガスを抜く。

2 上ずみ液を水で5倍に薄めて使う。

わき芽かき・摘芯《てきしん》

野菜の苗は、自然にのびるままにせず、不要なわき芽をとりのぞいたり、成長点を切りつめる摘芯が必要。どちらも、株を充実させ、収穫量をアップするための大事な作業です。

わき芽をかく理由は?

苗が成長するにつれ、枝やつるがのび、葉が茂ってきます。自然のままにのばしていると、側枝や葉に栄養がとられ、花や実つきが悪くなることがあります。

余分なわき芽はとりのぞき、株を充実させましょう。わき芽は主枝と葉のつけ根から出てくるので、主枝をたどってチェックするとわかります。

わき芽をつむことを、わき芽かき(芽かき)といい、トマト、キュウリ、ナスなど、おもに実もの野菜に必要な作業です。

芽かきをすることで、養分を効率的に花や実にまわすことができ、また葉が茂りすぎて風通しや日当たりが悪くなるのを防ぐことができます。

■わき芽かきは晴れた日の朝に

わき芽かきは、晴れた日の午前中にするのが基本。これはわき芽をかいたあとの切り口を早く乾かし、切り口から病気を引き起こすリスクを少なくするためです。わき芽は主枝と葉のつけ根から出ているので、これを手でつみとります。

わき芽かき

トマトの場合

わき芽はすべてとり、主枝の1本仕立てにする。

ナスの場合

主枝のほか2本のわき芽をのばす3本仕立てにするときは、ほかのわき芽をかく。

ピーマンの場合

最初の実の下のほうのわき芽は2本を残してとりのぞいて、実つきを充実させる。

枯れ葉はとりのぞく

野菜の収穫前に、葉の一部が枯れてくるものもあります。キュウリやカボチャなどは、収穫中も下葉から枯れてきます。枯れてしまった葉はそのままにせず、まめにとりのぞくこと。株を清潔に保ち、風通しをよくすることで、アブラムシやうどんこ病など病害虫の予防につながります。

摘　芯

キュウリの場合

キュウリは、実つきをよくする目的で、親づる、子づるを摘芯する。

トマトの場合

トマトは主枝が支柱の先までのびたら摘芯して成長を止め、下の実を充実させる。

葉もの野菜の場合

葉を収穫するタイプの野菜は、摘芯すると、わき芽が増えて、収穫量がアップ。

モロヘイヤ

クウシンサイ

ツルムラサキ

摘芯の目的はいろいろ

コンテナ菜園では、株を大きく育てすぎず、草丈は低くてもしっかり充実した株に育てるのが理想です。そのために必要なのが、摘芯という作業。摘芯は、収穫量のアップにつながります。

摘芯とは主枝や側枝の先端を切ること。成長点を切ることでその枝の成長は止まりますが、株がしっかりして葉や実のつきもよくなります。

葉もの野菜の場合の摘芯は、わき芽を出させるために行なうものです。クウシンサイ、モロヘイヤ、ノラボウ菜など、わき芽を次々と出させて収穫するのが狙いです。

人《じん》工《こう》授《じゅ》粉《ふん》

ベランダなどで育てるコンテナ菜園では、畑より虫の飛来が少なく、自然に受粉される確率が低いため、人工授粉がおすすめです。

花が受粉して実をつけるには、雄花と雌花があるものや、ひとつの花に雄しべと雌しべがあり受粉するものがあります。

花がつくと自家受粉（同じ株で受粉）する野菜、虫や風が媒介して他家受粉（他の株と受粉）する野菜があります。

ベランダなどの環境では、高層階に行くにつれて、飛来する昆虫は少なくなります。実もの野菜は、人工授粉したほうが確実に収穫できるでしょう。

人工授粉に適した野菜
トウモロコシ、カボチャ、キュウリ、ゴーヤー、トマト、イチゴなど。

トウモロコシは栽培する株が少ないと受粉しにくいので、頂点に出る雄穂の花粉を別の株の雌穂のヒゲにつけて受粉させるとよく実が入る。ヒゲ1本が実ひとつになる。

イチゴは、花を軽くさわるか、ハケなどでさわると、形よい実が期待できる。

収穫

収穫したての新鮮な野菜が食べられるのが、コンテナ菜園の最大の魅力です。収穫適期を逃さないよう、おいしく食べましょう。

実もの野菜は、実の大きさ、熟し具合を見て収穫。トマト、カラーピーマンなどは、完熟するまで待ちましょう。

キュウリやズッキーニなど、収穫期を逃すと大きくなりすぎてしまう野菜もあります。その品種の実の大きさの目安を種袋などの情報でチェックして、一番おいしいときに収穫しましょう。

根菜類は軽く掘って、育ち具合を確認してから収穫します。

エダマメなどは実がふくらんだら収穫する。

葉ものは使うたびごとに少しずつ収穫OK。

種とり

野菜の収穫後に、種をとってみるのも家庭菜園ならではの楽しみのひとつです。固定種の野菜で、種とりまでチャレンジしてみましょう。

市販の種や苗は、F_1と呼ばれる雑種一代目の品種が多く見られます。これは育てやすくするために品種交配し、一代限りの種をつくっているものです。普通に栽培して収穫するにはよいのですが、種とりには向きません。F_1では、種をとれたとして、次代に同じ形状の野菜がそろわないからです。

種とりをするなら、各地域の伝統野菜などで、固定種の品種を選んで育てることが大切です。

種をとる場合は、収穫期を過ぎても収穫せず、種ができるまでおいておきます。

もっとも簡単なのは豆類です。インゲン、エダマメなど、実をとらずにつけておき、大きくなってカラカラに乾燥させればOK。マメ類は固定種がほとんどなので、また次の年にまくことができます。

ゴーヤーやキュウリ、ナス、トマトなどは、完熟した実から種をとり、乾燥させて冷暗所（冷蔵庫の野菜室など）で保存しましょう。

アブラナ科の野菜は、収穫期を過ぎてとう立ちすると菜の花のような花が咲く。コマツナがとう立ちして開花したところ。

エダマメでとらずダイズで収穫すれば、翌年の種まきにも使える。

アブラナ科のノラボウ菜は、花のあとにできたサヤに種ができる。

オクラなどは、種とり用の実を残しておき、種ができるまで育ててみよう。

土をリサイクルして使う

野菜を栽培したあとに残った土は、根っこやゴミをとりのぞいて堆肥を加えれば、リサイクルが可能です。ゴミとして処分せずに、リサイクルして使いましょう。

コンテナで野菜を育てた土は、硬く水はけや通気性が悪くなり、養分も劣ります。病原菌や害虫の卵があるケースもあり、続けて栽培に使っても野菜の生育が悪くなるのです。

ただし、毎回、土を新しくするのでは大量のゴミを出してしまいます。古土はひと手間かけて、リサイクルして使うのがおすすめです。

土をふるったあとは、土を黒いビニール袋に入れて日に当てたり、バケツなどに入れて熱湯をかけて20～30分おくなどして、除菌してもよいでしょう。その後、堆肥を混ぜるのが簡単です。市販のリサイクル剤なども、堆肥と同じように使えます。

土をリサイクルする

1

収穫後のコンテナの土は、大きな根などをまず、とりのぞく。

2

残った土を目が粗いふるいやザルにかけて、根くずやゴミをよける。

3

鉢底土は分けておき、再使用する。

4

ふるいにかけた土。堆肥や腐葉土を3分の1ほど混ぜれば、また新しい土として使える。

家庭でできるベランダ堆《たい》肥《ひ》

キッチンから出る野菜くずなどを有効に利用して、家庭でも堆肥づくりができます。生ゴミも減らせて野菜が元気に育つ、ベランダ堆肥づくりのコツを紹介します。

有機のコンテナ菜園には堆肥が欠かせません。堆肥は、野菜くずなどの生ゴミを利用すれば、家庭でも手づくりできます。
堆肥づくりには、いろいろな方法がありますが、本書では、空気を含ませて有機質を分解する方法を紹介します。

夏場は虫が出やすいので、はじめは夏以外にチャレンジするのがおすすめです。
虫が発生してしまったら、庭がある場合は埋めてしまうのがベスト。庭がないときは、生ゴミの投入をやめ、腐葉土や古土を加えて、混ぜながら熟成させましょう。

生ゴミ堆肥のつくり方

準備するもの

通気性がある容器（段ボール箱や土のう袋など）
腐葉土▼3リットル　**米ぬか**▼0.5リットル　**水**▼適宜
庭土や古土があるときは、腐葉土を1.5リットルにして庭土や古土を1.5リットル入れる。

1
腐葉土、米ぬかを容器に入れて混ぜる。

2
水を加えてよく混ぜる。しっとりして、握ると軽く形が残るくらいが目安。

3
野菜くずなどの生ゴミは水を切り、米ぬかを全体にざっとまぶす。2の中央を掘り、生ゴミを入れる。生ゴミは毎日、投入してもOK。

4
次に生ゴミを入れるとき、全体をよく混ぜてから、投入。発酵がはじまると、温度が上昇する。50度以上になることもある。白いカビが出ているときは、発酵がうまくすすんでいるしるし。

5
分解が悪くなってきたら生ゴミを入れるのをやめる。目安は2、3か月。その後、週1回ほど水を加えて混ぜながら、完熟させる。完熟の目安は気温にもよるが、約1～3か月。水を入れても温度が上がらなくなれば、堆肥として使える。

できあがり

完熟した堆肥は、森の落ち葉のようなよい香りがする。

コンテナ栽培の病害虫と対策

無農薬・有機栽培のコンテナ菜園では、害虫がついたり、病気が出ることがあります。野菜に出やすい病気と害虫を知り、野菜を病害虫から守りましょう。

コンテナ菜園では、気をつけていても病害虫が発生するものです。

高層階のベランダなどでも、いつのまにかアブラムシやアオムシなどがつき、驚く人も多いでしょう。

害虫は、菌を媒介して野菜の病気を引き起こしたり、葉や茎の養分を吸う、実を食べるなどの被害を起こします。病気は早めに対応しないと、全体に広がることも。葉の裏や茎、花、実など、細かいところまでよくチェックして、見つけたら早めに対処しましょう。

葉や茎が白くなるうどんこ病は、風通しをよくして予防する。（写真はキュウリ）

野菜のおもな病害

病名	病気が出やすい野菜	特徴と対処法
青枯病《あおがれ》	トマト、ナス、ピーマンなどナス科の野菜	葉や茎が緑のまま、しおれて枯れる。土の中の菌が原因なので、水はけのよい清潔な土を使えば防げる。発症した株は捨て、土も殺菌または捨てる。
うどんこ病	ほとんどの野菜	葉や茎に白い粉をまぶしたような白カビが広がる。日当たりと風通しをよくして防ぐ。発症した葉は水で洗い、風通しをよくする。
疫病《えきびょう》	トマト、ナス、カボチャ、ジャガイモなど	葉や茎に黒褐色の斑点が出て、カビが広がる。風通しをよくして予防。発症した株は捨てる。
黒腐病《くろぐされ》	アブラナ科の野菜	葉が黄色くなったり、黒くなったりして落ちる。菌の感染が原因なので、コンテナの排水をよくし泥はねを防ぐ。発症したコンテナの株は捨て、土は殺菌する。
立枯病《たちがれ》	ほとんどの野菜	地面に近い葉が黄色く変色して枯れ、根が腐敗して株も枯れる。間引きやわき芽かきで風通しをよくして予防。水はけもよくする。
軟腐病《なんぷ》	キャベツ、レタス、ハクサイ、ダイコンなど	地面に近い葉や茎が腐り、ドロドロになって臭くなる。高温多湿で、傷口から菌が入ると発症。害虫をまめに駆除する。発症した株はすべて捨てる。
半身萎凋病《はんしんいちょう》	主にナス科、ウリ科などほとんどの野菜	葉の半分、片側だけが黄色く変色して枯れる。土の中の菌が原因となるので、発症した株は捨てる。
べと病	アブラナ科の野菜。ウリ科の野菜など	葉にカビが発生し、白から黄色の斑点になって広がり枯れる。葉がべとつく。間引きで風通しをよくし、肥料過多や泥はねに注意して予防。
モザイク病	ほとんどの野菜	葉にモザイク状の模様が入り、縮んだりして枯れる。害虫が媒介となるウイルスが原因。アブラムシの駆除が大切。発症した株は捨てる。

野菜のおもな害虫

アブラムシ

ナス科、アブラナ科をはじめ、多くの野菜の葉や茎につく。植物の汁を吸収したり、ウイルスを運ぶ。アリと共生しているのでアリがいたら要注意。

アオムシ

モンシロチョウの幼虫で、アブラナ科の野菜につく。春から夏にかけて、モンシロチョウが卵を産みつけ葉や茎を食べて成長。見つけたら手でとる。

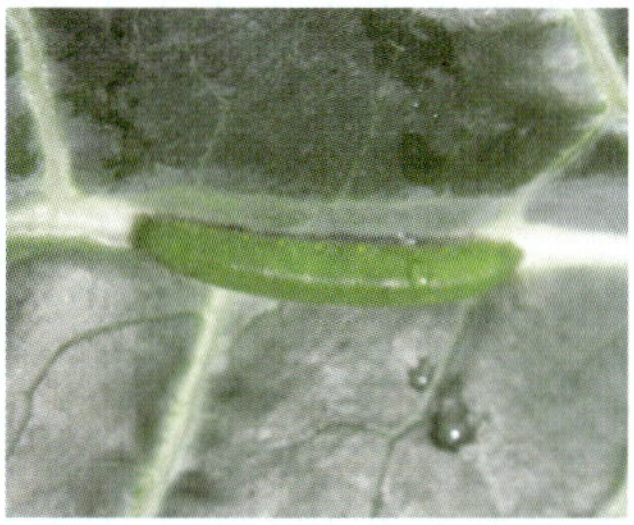

ヨトウムシ

ヨトウガの幼虫で、イネ科以外ほとんどの野菜につく。日中は土の中にいて夜間に出てきて野菜の葉を食べる。小さいうちは葉裏に集団で生息するため、このときとりのぞくのがベスト。

キアゲハの幼虫

ニンジンやパセリなど、セリ科について葉を食べる。ニンジンなら、多少は葉を食べられても収穫はできる。

ウリハムシ

オレンジ色の小さなハムシで、春から夏にかけてキュウリ、ズッキーニなどウリ科の野菜につく。幼虫は根を食べ、成虫は葉を食べる。動きがにぶい朝に手でとるようにする。

カメムシ

茎や葉、実の汁を吸うタイプのカメムシがナス科、マメ科、イネなどにつく。刺激を受けると悪臭を出すので、駆除するときは注意。

ダイコンサルハムシ

ダイコン、ハクサイ、キャベツなどアブラナ科の野菜につき、葉を食べる。

ニジュウヤホシテントウ

テントウムシダマシとも呼ばれ、ジャガイモ、トマト、ナスなどナス科の野菜につき葉を食べる。春から秋まで発生。ナミテントウより星の数が多い。

オンブバッタ

小さいオスを背中に乗せた姿で知られるバッタは、下がメス。夏に葉を食害するが、大きな被害になることはない。

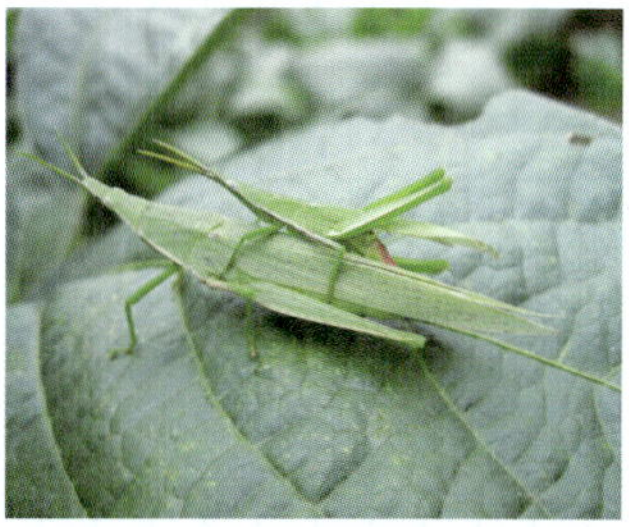

セスジスズメ

サトイモなどに発生するスズメガの幼虫。巨大になり食欲が旺盛なので、葉が丸坊主になることも。早めに見つけて捕殺する。

農薬を使わない病害虫対策

農薬を使わない有機栽培でも、コンテナの環境づくりやちょっとした手間をかけるだけで、病害虫の被害を減らすことができます。

病害虫を出さないために

コンテナ栽培は株数も少ないので、農薬などを使わなくても、ちょっとした手間と工夫で病害虫の被害をおさえることができます。

毎日の成長を見ながら早めに発見し、対処するのがポイント。枯れたり黄色くなった葉はこまめにとりのぞき、いつも清潔に保つことも大切です。

対策 1 よい苗を選ぶ

丈夫に育った苗は、多少の虫食いなどがあってもきちんと収穫することができます。苗のうちに虫にやられないようにネットをかけたり、葉や茎がしっかりした苗を買うことが重要です。

対策 2 日当たりと風通しに注意

日照時間が短すぎたり、風通しが悪いと、湿度が高くなるので病害虫が出やすくなります。コンテナは十分に日が当たる場所で、風が通るように配置し、余分なわき芽や葉をこまめにとり、株をきれいに保つようにしましょう。ウッドパネルや台にコンテナをのせるのも、通気をよくする効果があります。

対策 3 適度な水やり

水切れで土が乾燥すると、ベランダの暑さと乾燥でうどんこ病などが出やすくなります。逆に日当たりが悪く、いつも土がじめじめしていると、菌から病気が出ることも。水やりは「表面が乾いたらたっぷりと」の基本を守りましょう。

対策 4 虫は手でとる

虫は手で捕獲するのが、もっとも確実な駆除方法です。アオムシやアブラムシなどは、葉の裏に潜んだり保護色で見にくかったりしますが、よく観察を。ウリハムシは動きが鈍い朝や夕方に捕殺しましょう。

対策 5 寒冷紗《かんれいしゃ》やネットで防ぐ

害虫を寄せつけないために、寒冷紗やネットを使ってコンテナをガードする方法が有効です。とくに、チョウやガが卵を産みつけるのを防ぐのに効果的です。

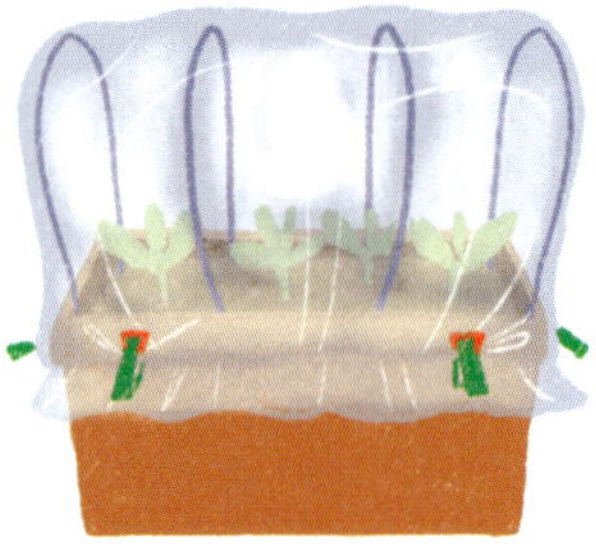

コンパニオンプランツを利用

異なる種類の野菜の植え合わせで、虫除けなどのよい影響が期待できる組み合わせを、コンパニオンプランツといいます。

病害虫は野菜によって、つく種類がちがいます。特定の虫が好む野菜、寄りつかない野菜があるので、これを利用して異種の野菜をいっしょに植えることで虫よけになるのです。このようによい影響が出る組み合わせを、コンパニオンプランツといいます。

ネギ、ニラ、ハーブ類などは、さまざまな野菜とのコンパニオンプランツになります。組み合わせがよいものを選び、同じコンテナに植えたり、隣におくとよいでしょう。また、マリーゴールドのように虫を寄せつけない花を、ベランダに植えるのもおすすめです。

コンパニオンプランツの組み合わせ例

キュウリなどウリ科の野菜
＋
ネギ（→P144）

トマト、ナスなどナス科の野菜
＋
ニラ

トマト
＋
バジル、セージ（→P72）

キャベツ
＋
セージ、タイム、カモミール

ハクサイ
＋
トウガラシ

コマツナ、ハクサイなどのアブラナ科の野菜
＋
レタス、シュンギクなどのキク科の野菜

害虫をとる天敵

有機栽培では殺虫剤を使わないため、害虫を食べる天敵も集まります。肉食性のテントウムシはアブラムシを食べてくれる、代表的な天敵。カマキリやカエルはアオムシ、ヨトウムシなどを食べます。ほかにもクモやハチなどは、野菜にとって力強い味方です。ベランダのコンテナ菜園で自然の生態系はのぞめませんが、それでも続けるうちにナナホシテントウなどがやってくるようになるでしょう。

テントウムシ

カマキリ

カエル

クモ

あとがき

をモットーに、野菜を育てよう！

「野菜を育てたい！」という人たちが増えています。とはいえ、近くに畑がない人も多いでしょう。コンテナ野菜づくりなら、ベランダや玄関先、庭先などで、すぐ野菜づくりに挑戦できると思います。

本書では「有機・無農薬」で、コンテナを使って野菜を育てる方法を紹介しました。ご自身や大切な家族が食べるための野菜を育てるのですから、できるだけ農薬を使いたくないと考えるのは当然のことです。

無農薬で野菜を育てるときに、成功へと導いてくれる魔法の言葉を紹介しましょう。それは、「メデミール」と「テデトール」。これは農薬の名前では？と思ったら間違いです。「メデミール」とは、毎日、目で野菜をよく見ること。野菜をよく観察していると、害虫や病気の発生などの異変に早めに気がつくことができます。そして「テデトール」は、害虫や病気の侵入に気づいたら、ただちに手でとりのぞくこと。日々の仕事や勉強など、忙しい生活を送っているみなさんが、そうやって隙間時間に世話をしてあげることができれば、野菜たちはきっとその愛情にこたえてくれるはず。

野菜づくりは試行錯誤の連続です。でも、続けていると、自然といつの間にか（私自身がそうであるように）、「私が野菜をつくる」という意識から、「私の役割は種や苗が元気に育つ環境を整えるだけ」という感覚に変わっていきます。それぞれの野菜のふるさと（原産地）を思い出し、目の前のコンテナに、その環境を再現してあげる。インド原産のナスなら高温多湿、アンデス高原原産のトマトの場合は冷涼な乾燥地域をイメージして、というように（原産地の環境が特徴的なものは各野菜のページに記しています）。

太陽と風、堆肥たっぷりの土壌（コンテナの土）に野菜の種をまき、苗を植え、愛情と水を忘れず

に注げば、そこはあなただけの小宇宙（コスモ）。そこから生まれ育った野菜を家族や友人が食べて笑顔が広がる。そんな幸せな瞬間にこの本が立ち合えることができれば、これに勝る喜びはありません。

本書は、金子美登さんの『コンテナ・プランターでできる かんたん野菜づくり』に、あらたに人気の野菜の育て方を加えて、読者のみなさんがコンテナでの野菜づくりを成功させるためのノウハウをたくさん詰め込みました。有機栽培で作物を育てている霜里農場のプロのコツが満載です。

霜里農場には、毎年、地元の埼玉県小川町の小学校3年生たちがにぎやかに農場見学に訪れます。小川町のような田舎町でも、野菜や米づくりの経験者はほぼいないのですが、誰でも「生まれてきてから今日まで、毎日、ごはんを食べてきたんじゃないかな？」と美登さんが子どもたちにやさしく笑って言っていたのを思い出します。「携帯電話

「メデミール」「テデトール」愛情と水を注いで

がなくても人は生きていけますが、食べるものは生きるために不可欠のもの。本当に必要なものと、そうでないものをしっかり見極める力を養ってください」という言葉は、小学校の卒業式の祝辞のなかのものです。

私はたくさんのご縁が重なり、いまは霜里農場で働き、暮らしています。しかし、もとは神奈川県横浜市で、サラリーマンの家庭で生まれ育ちました。だからこそ、これらの言葉が心から骨身にしみます。

コンテナで収穫できる野菜は、もしかしたら少しかもしれません。でも、その野菜が年に何回かでも、みなさんの食卓にのぼるなら、その回数だけ人生を豊かに彩ってくれるはずです。そうなるように、コンテナ栽培に挑戦されるみなさんに心からのエールを贈ります。

金子 宗郎（霜里農場長）

用語ガイド

あ

育苗（いくびょう）
コンテナに直まきせず、ポットなどに種まきして定植するまで苗を育てること。

液肥・液体肥料（えきひ・えきたいひりょう）
なたね粕などの有機質肥料を発酵させた液体の肥料。市販品もあり、水で薄めて使う。

F_1（えふわん）
複数の品種から交配してつくった雑種一代目。丈夫で栽培しやすいが、遺伝的に固定されていない一代限りのものなので、種をとることはできるが、同じ形や味のものはできない。

雄花・雌花（おばな・めばな）
ウリ科の野菜やトウモロコシなどは、1株の中に雄花と雌花が咲く雌雄異花。雄花と雌花が受粉することで、実が結実する。ナス科の野菜などは花は分かれず、ひとつの花に雄しべ、雌しべがある雌雄同花。

親づる・子づる（おやづる・こづる）
つる性の植物ではじめの発芽からのび、主枝となるのが親づる。親づると葉の間から出たわき芽がのびたものを、子づるという。

か

害虫（がいちゅう）
野菜の葉や茎、実を食べたり汁を吸うなど、野菜に被害を与える虫。菌を運び、野菜の病気を引き起こすこともある。

株間（かぶま）
野菜の株と株の間。野菜の種類に合わせて、適正な株間をとることが大事。

花蕾（からい）
ブロッコリーやカリフラワーなどで、食用にする部分。本来はつぼみで、成長すると花になる。主枝の頂点に花蕾がつくのは、頂花蕾《ちょうからい》という。

寒冷紗（かんれいしゃ）
作物にかけて害虫を防ぎ、風や寒さから守る透過性のあるシート。コンテナにアーチをかけた上にトンネル状にかける。

切り返し（きりかえし）
堆肥やぼかし肥などをつくるとき、材料を積んで日数をおき、全体を混ぜ返すこと。切り返しを繰り返して、完全に発酵させる。

鶏糞（けいふん）
ニワトリの糞を乾燥、発酵させてつくった肥料。窒素、リン酸、カリウムなどを含む。堆肥の材料や追肥として使う。

結球（けっきゅう）
キャベツ、レタスなどの葉が巻いて、丸くなってくること。生育が悪いと結球しないこともある。

コンパニオンプランツ
異種の野菜、花などをいっしょに植えることで、病害虫を防いだり生育を助け合ったりする効果が期待できる相性のよい植物。

さ

支柱立て（しちゅうたて）
野菜の株を支えるための棒などを立てること。ヒモで支柱と茎を結んだり、つるをはわせたりして倒れないように支え、上に立体的にすることで風通しもよくする。

雌雄異花（しゆういか）
花に雄花、雌花があり、ひとつの株に両方が咲いて受粉する。キュウリ、カボチャなどは雌雄異花の野菜で、雌花に実がつく。

主枝（しゅし）
一番太く、中央にのびる枝のこと。主枝から側枝が出る。

受粉（じゅふん）
雄花と雌花、または雄しべと雌しべの花粉がつくこと。花が咲いて自然に自家受粉するか、昆虫や風によって受粉する。コンテナ菜園では、人工授粉したほうがよいものもある。

整枝（せいし）
主枝を摘芯したり、側枝やわき芽をかいたりして、株の枝やつるをととのえること。

成長点（せいちょうてん）
茎や根の先端や、新しい葉が出てきて成長する起点となるところ。

た

堆肥（たいひ）
落ち葉や枝葉、鶏糞、米ぬか、野菜くずなどの有機物を積み込み、切り返しながら発酵させた肥料。完熟させたものを土づくりや肥料として使う。

中耕（ちゅうこう）
植えつけ後に野菜の株間などを軽く耕し、土をほぐす作業。土の通気性がよくなり、追肥の効果が高まる。

鎮圧（ちんあつ）
種まきのときに土をかけた後で、土に圧力をかけておさえること。種と土を密着させることで発芽率を高める効果がある。

追肥（ついひ）
植えつけ前に土に入れる肥料を元肥（もとひ・もとごえ）と呼ぶのに対して、植えつけた後から与える肥料のこと。コンテナ野菜づくりでは肥料が切れやすいので、生育に合わせて追肥をするとよい。

土寄せ（つちよせ）
株のまわりの土を、株に寄せて盛り上げること。追肥や中耕と合わせて行なう。

定植（ていしょく）
苗を育苗用のポットなどから、収穫するまで育てる場所に植えつけること。

摘芯（てきしん）
主枝の先端の成長点をつむこと。わき芽を出させたり、高さの成長をとめて株を充実させるために行なう作業。

天敵（てんてき）
ある生物を捕食や寄生などで殺す生物。害虫の天敵となるのが、肉食性のテントウムシなどの益虫やカエル、クモなど。

肉食のテントウムシはアブラムシの天敵。野菜づくりにおいて益虫。

な

なたね粕（なたねかす）
食用油の原料となるなたねのしぼり粕。堆肥やぼかし肥の材料に入れたり、そのまま追肥として使うこともできる。

は

培養土（ばいようど）
野菜などの栽培用に腐葉土や赤玉土、バーミキュライトなどを配合してある土。「有機培養土」は、化学肥料などが入っていないもの。

晩生種（ばんせいしゅ）
同じ野菜の中でも、収穫するまでの期間が比較的長くかかる品種。「おくてしゅ」ともいう。

覆土（ふくど）
種まき後に土をかけて覆うこと。種の3倍の厚さにかけるのが基本だが、野菜によって薄くする場合、厚くする場合がある。

腐葉土（ふようど）
雑木林の落ち葉が堆積し、時間をかけて発酵した土。落ち葉や土、米ぬかなどを積み、切り返しを繰り返してつくることもできる。

分げつ（ぶんげつ）
分けつともいう。ネギやニラなどの根に近い茎の部分から枝分かれすること。

ぼかし肥（ぼかしひ）
米ぬか、おから、鶏糞、山土、もみ殻燻炭など、有機質肥料と土を合わせて、発酵させた肥料。少しずつ効くタイプで、おもに追肥として使う。

ポット上げ（ぽっとあげ）
育苗箱に種まきして発芽した苗を、ポットに移植すること。

ま

増し土（ましつち）
栽培の途中で、生育に合わせて新たに土を足すこと。

間引き（まびき）
野菜の株間をあけるため、よい苗だけを残してほかを抜くこと。生育途中で抜いた間引き菜も食べられるものが多い。

マルチ
株のまわりを覆うために土の上に敷くシート。マルチがけ（マルチング）により、雑草をおさえ、作物の泥はねを防いで病気予防にもなる。市販の紙マルチ、ビニールマルチのほか、ワラなどを使う。

わ・ら・や

誘引（ゆういん）
支柱立てのとき、支柱に茎を結びつけたり、つるをはわせたりすること。株が倒れるのを防ぎ、形をととのえるために行なう。

ランナー
親株から横にのびて、先端に子株をつくるつるのこと。子株が土について根づき、株が増えていく。イチゴが代表的。

わき芽かき（わきめかき）
主枝や花、実の成長を促すために、主枝のわきから出るわき芽をつみとること。芽をかく、芽かきをすること。

早生種（わせしゅ）
同じ種類の野菜の中でも、収穫までの時期が短い品種。コンテナ菜園におすすめ。

コンテナ野菜 栽培カレンダー 春夏

●種まき ▲植えつけ ■収穫

分類	品種	科	1	2	3	4	5	6	7	8	9	10	11	12	掲載ページ
実野菜・マメ類	インゲン	マメ科				●─	●		■	■					P20
	エダマメ	マメ科				●─	─	─	●■	■	■	■			P22
	オクラ	アオイ科					●─	●	■	■	■				P24
	カボチャ(ミニカボチャ)	ウリ科				●●	▲▲		■	■					P26
	キュウリ	ウリ科			●	▲	▲	■	■	■					P30
	ゴーヤー	ウリ科				●─●	▲─▲		■	■	■				P34
	シカクマメ	マメ科					●●	▲	■	■	■				P38
	シシトウ	ナス科		●─	●		▲▲		■	■	■				P40
	スイカ	ウリ科					▲		■	■					P42
	ズッキーニ	ウリ科			●─	─●	▲─▲		■	■					P44
	トウガラシ	ナス科		●─●			▲─▲		■	■	■	■			P50
	トウモロコシ	イネ科					●─	─	●■	■	■				P52
	トマト(中玉トマト)	ナス科			●●		▲─▲	■	■	■					P55
	トマト(ミニトマト)	ナス科			●●		▲─▲	■	■	■	■	■			P58
	ナス	ナス科		●─	●		▲▲	■	■	■	■	■			P60
	ピーマン	ナス科					▲▲	■	■	■	■	■			P64
	カラーピーマン	ナス科		●	●●		▲▲		■	■	■	■			P66
	マクワウリ	ウリ科						▲		■					P68
	ラッカセイ	マメ科					●─	●			■	■			P70
葉・茎野菜	アシタバ	セリ科				▲─	─	▲			■	■	■		P74
	エゴマ	シソ科			●─	─	─	─	●	■	■	■	■		P76
	オカノリ	アオイ科				●─	─	─■	─■	─■	●■	■	■		P78
	オカヒジキ	ヒユ科				●─	─■	●■	■	■	■				P80
	オカワカメ	ツルムラサキ科					▲▲	■	■	■	■	■			P82
	カラシナ	アブラナ科				●─	●■	■							P84
	キャベツ(ミニキャベツ)	アブラナ科				●	▲	■	■	■					P86

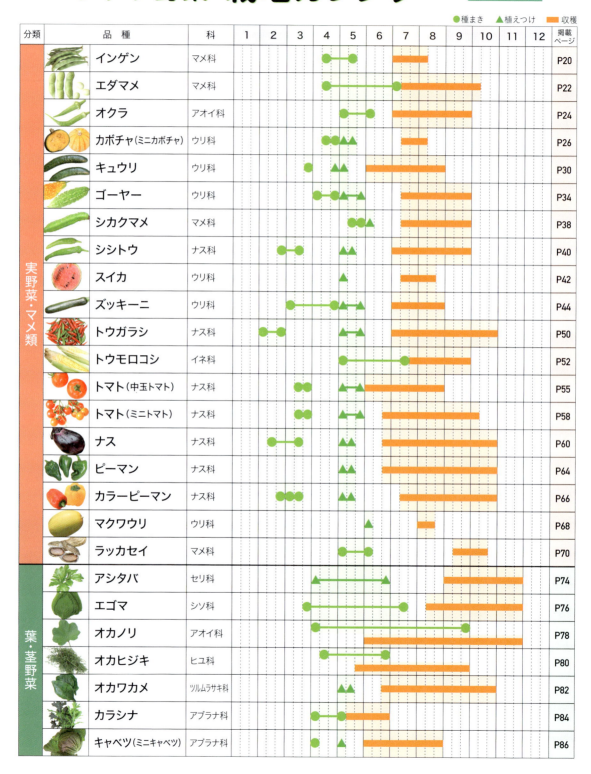

●種まき　▲植えつけ　■収穫

分類	品種	科	1	2	3	4	5	6	7	8	9	10	11	12	掲載ページ
葉・茎野菜	クウシンサイ(エンサイ)	ヒルガオ科													P88
葉・茎野菜	コマツナ	アブラナ科													P90
葉・茎野菜	サンチュ	キク科													P92
葉・茎野菜	シソ	シソ科													P94
葉・茎野菜	シュンギク	キク科													P96
葉・茎野菜	スイスチャード	ヒユ科													P98
葉・茎野菜	セロリ	セリ科													P100
葉・茎野菜	タアサイ	アブラナ科													P102
葉・茎野菜	タマネギ(ミニタマネギ)	ヒガンバナ科													P104
葉・茎野菜	チンゲンサイ(ミニチンゲンサイ)	アブラナ科													P106
葉・茎野菜	ツルムラサキ	ツルムラサキ科													P108
葉・茎野菜	ニラ	ヒガンバナ科		翌年収穫											P110
葉・茎野菜	ネギ(葉ネギ)	ヒガンバナ科													P114
葉・茎野菜	葉ダイコン	アブラナ科													P120
葉・茎野菜	ブロッコリー	アブラナ科													P122
葉・茎野菜	茎ブロッコリー	アブラナ科													P124
葉・茎野菜	ミズナ	アブラナ科													P128
葉・茎野菜	ミツバ	セリ科													P130
葉・茎野菜	ミョウガ	ショウガ科													P132
葉・茎野菜	モロヘイヤ	シナノキ科													P136
葉・茎野菜	リーフレタス	キク科													P138
葉・茎野菜	レタス	キク科													P140
根野菜・イモ類	カブ	アブラナ科													P146
根野菜・イモ類	ゴボウ(ミニゴボウ)	キク科	翌年												P148
根野菜・イモ類	サツマイモ	ヒルガオ科				種イモの伏せ込み									P150
根野菜・イモ類	サトイモ	サトイモ科													P154
根野菜・イモ類	ジャガイモ	ナス科													P156
根野菜・イモ類	ショウガ	ショウガ科							葉ショウガ				根ショウガ		P160
根野菜・イモ類	ニンジン	セリ科													P162

●種まき ▲植えつけ ■収穫

分類	品種		科	1	2	3	4	5	6	7	8	9	10	11	12	掲載ページ
根野菜・イモ類		ビーツ	ヒユ科			●	●		■	■						P164
根野菜・イモ類		ヤーコン	キク科				▲	▲						■		P166
根野菜・イモ類		ラディッシュ	アブラナ科			●	●■	●■	■							P168
ハーブ・スプラウト		イタリアンパセリ	セリ科			●●	▲	▲■	■	■	■					P170
ハーブ・スプラウト		セージ	シソ科				●	●		■	■	■	■			P171
ハーブ・スプラウト		タイム	シソ科				▲■	▲■	■	■	■	■	■			P172
ハーブ・スプラウト		ディル	セリ科				●	●	●■	■	■	■	■			P173
ハーブ・スプラウト		バジル	シソ科				●	●	▲▲	■	■	■	■			P174
ハーブ・スプラウト		コリアンダー(パクチー)	セリ科			●●	▲	▲	■	■	■					P175
ハーブ・スプラウト		パセリ	セリ科	翌年■			●	●▲	▲	■	■	■	■	■	■	P176
ハーブ・スプラウト		ミント	シソ科			●	●	▲	▲■	■	■	■	■	■		P177
ハーブ・スプラウト		ルッコラ(ロケット)	アブラナ科			●	●	▲■	▲■	■	■	■	■			P178
ハーブ・スプラウト		モヤシ	マメ科	●■	●■	●■	●■	●■	●■	●■	●■	●■	●■	●■	●■	P179
ハーブ・スプラウト		スプラウト	アブラナ科 マメ科など	●■	●■	●■	●■	●■	●■	●■	●■	●■	●■	●■	●■	P180

コンテナ野菜 栽培カレンダー 秋冬

●種まき ▲植えつけ ■収穫

分類	品種		科	1	2	3	4	5	6	7	8	9	10	11	12	掲載ページ
実野菜・マメ類		アズキ	マメ科							●			■			P16
実野菜・マメ類		イチゴ	バラ科			翌年収穫		■					▲	▲		P18
実野菜・マメ類		インゲン	マメ科							●		■	■			P20
実野菜・マメ類		サヤエンドウ	マメ科			翌年収穫		■					●	●		P36
実野菜・マメ類		スナップエンドウ	マメ科			翌年収穫		■					●	●		P46
実野菜・マメ類		ソラマメ	マメ科			翌年収穫		■	■				●●			P48
葉・茎野菜		カラシナ	アブラナ科									●●	■	■		P84
葉・茎野菜		カリフラワー(ミニカリフラワー)	アブラナ科							●●	▲	▲		■	■	P85
葉・茎野菜		キャベツ(ミニキャベツ)	アブラナ科		翌年収穫		■	■				●●	▲▲			P86
葉・茎野菜		コマツナ	アブラナ科			●	●	●■	●■	●■	●■	●■	●■	●■	■	P90
葉・茎野菜		サンチュ	キク科									▲	▲■	■		P92

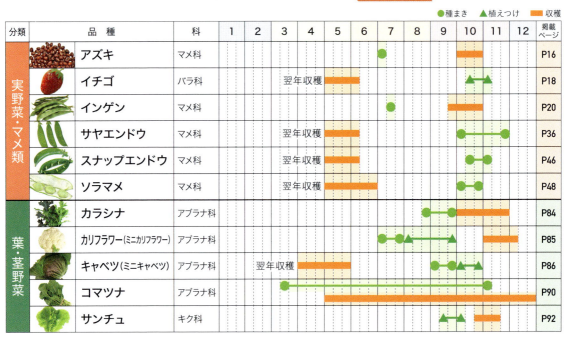

●種まき ▲植えつけ ■収穫

分類	品 種	科	1	2	3	4	5	6	7	8	9	10	11	12	掲載ページ
葉・茎野菜	シュンギク	キク科													P96
葉・茎野菜	スイスチャード	ヒユ科													P98
葉・茎野菜	セロリ	セリ科													P100
葉・茎野菜	タアサイ	アブラナ科													P102
葉・茎野菜	チンゲンサイ(ミニチンゲンサイ)	アブラナ科													P106
葉・茎野菜	ニンニク	ヒガンバナ科				翌年収穫									P112
葉・茎野菜	ネギ(葉ネギ)	ヒガンバナ科													P114
葉・茎野菜	ノラボウ菜	アブラナ科	翌年収穫												P116
葉・茎野菜	ハクサイ(ミニハクサイ)	アブラナ科													P118
葉・茎野菜	ブロッコリー	アブラナ科													P122
葉・茎野菜	茎ブロッコリー	アブラナ科													P124
葉・茎野菜	ホウレンソウ	ヒユ科	翌年												P126
葉・茎野菜	ミズナ	アブラナ科													P128
葉・茎野菜	メキャベツ	アブラナ科	翌年												P134
葉・茎野菜	リーフレタス	キク科													P138
葉・茎野菜	レタス	キク科													P140
葉・茎野菜	ワケギ	ヒガンバナ科	翌年収穫												P142
根野菜・イモ類	カブ	アブラナ科													P146
根野菜・イモ類	ゴボウ(ミニゴボウ)	キク科				翌年収穫									P148
根野菜・イモ類	ジャガイモ	ナス科													P156
根野菜・イモ類	ニンジン	セリ科	翌年												P162
根野菜・イモ類	ビーツ	ヒユ科													P164
根野菜・イモ類	ラディッシュ	アブラナ科													P168
ハーブ・スプラウト	イタリアンパセリ	セリ科													P170
ハーブ・スプラウト	セージ	シソ科			翌年収穫										P171
ハーブ・スプラウト	ディル	セリ科		翌年収穫											P173
ハーブ・スプラウト	ルッコラ(ロケット)	アブラナ科													P178
ハーブ・スプラウト	モヤシ	マメ科													P179
ハーブ・スプラウト	スプラウト	アブラナ科 マメ科など													P180

【監修】

金子美登（かねこ よしのり）

有機農家。1948年埼玉県生まれ。霜里農場元農場主。1971年、農水省農業者大学校1期生として卒業。徹底した有機農業を実践しつつ。国内外から研修生を受け入れてきた。消費者と直接提携する有機農業を営みながら、地場産業と連携して村おこしを実践。2009年に集落全体が有機農業に転換。一方、バイオガス、ウッドボイラー、太陽電池、廃食油利用など、身近にある資源を活用したエネルギーの自給にも力を注いだ。2022年没。 著書に『写真でわかる金子さんちの有機家庭菜園』（家の光協会）、『有機農業ひとすじに』（金子美登・友子共著／創森社）など多数。

金子宗郎（かねこ むねお）

有機農家。1972年神奈川県生まれ。1996年、栃木県那須塩原市のアジア学院卒業後、「砂糖の島」フィリピン・ネグロスに渡り、「金を儲けるため」ではなく「家族が食べていくため」の有機自給農場の立ち上げにNGOスタッフとして10年以上携わる。2017年、金子家の養子となり、現在は霜里農場長として、農薬や化学肥料に依存せず、身近な資源や自然エネルギーを生かし、食物だけでなくエネルギーも自給して自立する農法を実践中。

STAFF

構成・制作：小沢映子（GARDEN）
撮影：平沢千秋
中村宣一
信長江美
デザイン：岩嶋喜人（Into the Blue）
イラスト：千原櫻子
志村まさゆき（Bun bun factory）
おのみさ
ライター：平沢千秋
宮野明子
企画・編集：成美堂出版編集部

※本書は、弊社既刊『コンテナ・プランターでできる かんたん野菜づくり』（2011年3月初版発行）をベースに再編集、大幅な加筆をし、改題したものです。

有機・無農薬でベランダでできる! コンテナ野菜づくり

監 修　金《かね》子《こ》美登《よしのり》　金《かね》子《こ》宗郎《むねお》
発行者　深見公子
発行所　成美堂出版
〒162-8445 東京都新宿区新小川町1-7
電話(03)5206-8151 FAX(03)5206-8159
印 刷　TOPPAN株式会社

©SEIBIDO SHUPPAN 2025　PRINTED IN JAPAN

ISBN978-4-415-33551-3
落丁・乱丁などの不良本はお取り替えします
定価はカバーに表示してあります

• 本書および本書の付属物を無断で複写、複製（コピー）、引用することは著作権法上での例外を除き禁じられています。また代行業者等の第三者に依頼してスキャンやデジタル化することは、たとえ個人や家庭内の利用であっても一切認められておりません。